刘佳 著

场域与坐标

劳模精神的思想逻辑

中国工人出版社

图书在版编目（CIP）数据

场域与坐标：劳模精神的思想逻辑 / 刘佳著. —北京：中国工人出版社，2022.2
ISBN 978-7-5008-7891-9

Ⅰ. ①场… Ⅱ. ①刘… Ⅲ. ①职业道德－研究－中国 Ⅳ. ①B822.9

中国版本图书馆CIP数据核字（2022）第023965号

场域与坐标：劳模精神的思想逻辑

出 版 人	王娇萍
责任编辑	刘广涛
责任印制	黄　丽
出版发行	中国工人出版社
地　　址	北京市东城区鼓楼外大街45号　邮编：100120
网　　址	http://www.wp-china.com
电　　话	（010）62005043（总编室）　62005039（印制管理中心） （010）62379038（社科文艺分社）
发行热线	（010）82029051　62383056
经　　销	各地书店
印　　刷	北京市密东印刷有限公司
开　　本	880毫米×1230毫米　1/32
印　　张	8.5
字　　数	180千字
版　　次	2022年5月第1版　2024年11月第3次印刷
定　　价	48.00元

序

中国共产党是中国工人阶级的先锋队。党的百年历史也是一部中国工人阶级的成长史、奋斗史。党领导下的劳模运动是中国共产党百年历史的重要组成部分，更是中国工人运动的精彩篇章。百年来，一大批劳动模范脱颖而出，他们在平凡的岗位上作出了不平凡的业绩，在默默无闻中书写着伟大和传奇。劳动模范是民族的精英、人民的楷模、共和国的功臣！

在庆祝中国共产党成立100周年大会上，习近平总书记首次提出“伟大建党精神”这一概念，强调伟大建党精神是中国共产党精神谱系之源。随后，党中央正式公布了第一批中国共产党伟大精神，劳模精神（劳动精神、工匠精神）位列其中。将劳模精神纳入中国共产党精神谱系，是中国劳模运动发展史的一座里程碑，是对马克思主义劳动观的重大发展和理论创新。如何理解劳模精神与中国共产党精神谱系的关系，如何在马克思主义劳动观的思想进程中把握劳模精神的时代内涵和政治意蕴，这是深化劳模精神研究的重要任务，也是讲好新时代劳模故事、劳动故事、工匠故事的前提和基础。本书尝试对上述问题给出“一家之言”。

一

劳模精神是时代性的，也是历史性的；是价值性的，也是实践性的。理解劳模精神与中国共产党精神谱系的关系，在思路与方法上必须坚持历史与现实相贯通、理论与实践相统一的原则，在党的百年历史、社会主义国家建设历史、中国工人运动的历史进程中揭示劳模精神之“理”。

伴随劳模精神研究的深化，学术界对劳模精神之“理”的认识也日益深入，逐步触及劳模精神的本质规定和内在逻辑。根据本书的写作需要，我在这里对其中两个问题作出进一步说明：一是关于劳模精神的时间序列问题，二是关于劳模精神与劳动精神、工匠精神的关系问题。

第一，关于劳模精神的时间序列问题。在已经公布的首批中国共产党伟大精神中，劳模精神位列改革开放以后的精神谱系中，这或许是有意凸显劳模精神的“现代性意义”。的确如此，党的十一届三中全会作出把全党工作重心转移到经济建设上来，实行改革开放的历史性决策。中国的改革开放和现代化建设事业有两大特点：一是积极主动融入全球市场体系，同世界现代化运动相衔接，利用国际资本、先进技术、市场空间来实现战略赶超；二是遵循市场经济规则和价值规律，避免政治挂帅和意识形态纷争，破除对资本的“妖魔化”认识，稳妥有序发展具有中国特色的社会主义市场经济体制。中国现代化战略和实践的这两大特点，决定了社会生产主体和广大劳动者必须解放思想、打破常规、大胆创新，唯有如此，才能在激烈的全球竞争和市场竞争中获取主动、掌握先机。中国的改革开放本质上是世界现代化运动在中国的展开和呈现，劳动模范就是这场现代化运动的参与者和佼佼者。劳模精神与改革开放精神具有内在的一致性，即以爱国主义为核心的民族精神和以改革创新为核心的时代精神的集中体现。

然而，劳模精神不是凭空产生的，劳模运动是劳模精神建构和发展的实践基础，工人阶级和广大劳动群众是劳模精神建构的主体力量。从国际共产主义运动的历史大视野来看，苏联的斯达汉诺夫运动是劳模运动的最早形态，中央苏区时期的生产竞赛、劳动竞赛则是中国劳模运动的发端。尽管在中国共产党精神谱系中，劳模精神位于改革开放以后的序列中，但若追根溯源，劳模精神在中国最早发端于中央苏区时期，中央苏区劳动竞赛是理解劳模精神何以进入党的精神谱系的重要视角。

第二，关于劳模精神与劳动精神、工匠精神的关系问题。在已经公布的中国共产党伟大精神中，劳模精神是以“劳模精神（劳动精神、工匠精神）”的表述形式呈现，这在中国共产党精神谱系中是一个“特例”。劳模精神与劳动精神、工匠精神的关系一直都是学术界研究的重点问题，而具有较强说服力的阐释和解读还不多，这里简单谈一下我对这个问题的认识。首先，从概念出场的时序来看，作为中国共产党精神谱系的概念范畴，劳模精神的出场时间要早于劳动精神、工匠精神。劳模精神在中央苏区、陕甘边区时期就已经成为新民主主义文化体系的重要范畴和标识性术语，而劳动精神、工匠精神则是党的十八大以来党中央多次强调必须大力弘扬和践行的时代精神。其次，从概念内涵来看，劳动精神体现了社会主义荣辱观的基本要求，是公民应当共同遵守和大力践行的价值准则；工匠精神反映了劳动技能的专业性、精湛性。劳模精神不仅是一种尊重劳动、崇尚劳动的价值准则，一种追求卓越劳动、创造性劳动的专业能力，还是一种心怀“国之大者”、为国家和人民而劳动的主动精神、政治责任、历史自觉和使命担当，所以，劳模精神在内涵上要超出劳动精神、工匠精神的基本要义。最后，从概念属性上看，劳动精神、工匠精神都是现代性精神。社会主义国家倡导弘扬和践行劳模精神，西方国家亦是如此，而最大的不同之处在于，劳模精神是社会主义国家独有的精神符号，是马克思主义使命型政党政治文化的重要组成部分，这是中西方国家劳动文化体系的显著区别。

由此可见，理解劳模精神与劳动精神、工匠精神的内在联系和区别，关键在于要全面准确把握劳模精神的主体特征、演进历程、社会功能、实践价值，在中国共产党领导劳模运动的历史进程中揭示劳模精神的思想源头、发展脉络和思想要义。因此，本书将研究和阐释的重心放在劳模精神上。

二

“历史从哪里开始，思想进程也应当从哪里开始”，这是马克思主义唯物史观的基本道理，也是我们理解意识现象和人类精神活动的科学原则。研究和阐释劳模精神的思想逻辑，同样要遵循历史唯物主义的思想路线和科学方法。

劳模精神不是凭空产生的，其思想逻辑必须深入工人运动和劳动运动的历史进程中才能得到全面呈现和准确揭示。实事求是地讲，当前学界对劳模精神的理论阐释还停留在政策解读层面，总体上表现为一种政策话语的转述和言说。这种阐释范式对于推进劳模精神的社会化传播，强化各级领导干部关心关怀劳模、弘扬宣传劳模精神的主动意识是有一定帮助的，而如果止步于此，把劳模精神当作一种“口号”、一种“标语”，长此以往必然会产生负面影响。我以为，创新劳模精神的宣传阐释路径和方法，讲好中国劳模故事的基础和前提，就是推进劳模精神研究从政策宣传型解读向思想史探究转变，而劳模精神的思想史与工人运动、劳模运动的发展史是一体两面的，只有把两者充分有机地融合起来，才能多层次展现出劳模精神的思想逻辑、发展脉络和思想要义。这也是本书写作的基本立场和方法。

沿着这一思路，本书按照循序渐进、史论结合的原则，追溯劳模精神的思想源头，分析劳模精神何以进入中国共产党精神谱系，进而成为引领当代中国劳动文化发展的精神力量。本书以空间场域为经线、以时间坐标为纬线，构建呈现劳模精神思想源头、发展进程和思想要义的时空场景。具体来说，空间场域要素主要包括工人运动的实践场域、近代中国的社会场域、中国革命的斗争场域、社会主义国家的政治场域；时间坐标主要包括国际工人运动的时间坐标、中国共产党百年历史的时间坐标、中华人民共和国国史的时间坐标、世界现代化运动的时间坐标。

按照上述思路，本书共安排了十章内容。第一章，简要阐述近年来学界为探寻劳模精神而作出的努力以及所形成的基本理论观点。第二章，深入马克思恩格斯经典作家的原典之中，阐述工人阶级作为劳模精神的主体力量是如何登上历史舞台的，在工人运动的历史实践中展现工人阶级的伟大品格和宝贵精神。第三章，以近代中国社会中心问题的结构性转换为视角，分析劳工话语是如何在中国这个典型的农业大国中出场的，指出劳动话语的历史性出场为劳模精神的建构奠定了话语基础。第四章和第五章，集中讨论中央苏区时期中国共产党通过劳动竞赛发现和培养了一大批劳动英雄和劳动模范，劳模精神的政治建构由此开启。作为共产主义劳动伦理的中国形态，劳模精神进入中国共产党精神谱系中，成为第一个以劳动实践为主题的中国共产党的精神符号。第六章，以延安时期党对“二流子”的社会改造为考察对象，揭示了劳模精神具有强大的改造人的主观世界的意识形态功能。第七章到第十章，聚焦社会主义国家建设与劳模精神的内在关系，阐述劳模精神何以上升为国家意识形态，成为社会主义核心价值观的生动诠释；劳模表彰如何被纳入中国特色社会主义制度体系中，推动劳模精神制度化发展；劳模精神如何融入中国特色社会主义劳动教育体系，开掘劳模精神的教育元素；劳模精神如何引领当代中国劳动文化的创新性发展，成为中华民族伟大复兴的精神力量。这十章内容在空间场域上内外联动，在时间坐标上由远及近，共同编织出一幅劳模精神逐步进入中国共产党精神谱系，成为引领中华民族伟大复兴精神力量的思想图示。

三

中国共产党不仅缔造新国家、开启新纪元、构建新文明，还创立了以伟大建党精神为源头的中国共产党精神谱系。劳模精神（劳动精神、工匠精神）是中国共产党精神谱系的重要组成部分，是伟大建党精神在社会劳动生产领域的集中反映，是中国工人阶级伟大品格和劳动模范精神品质的生动写照，是社会主义核心价值观和中华民族精神的集中彰显。劳模精神既是劳动模范的精神写照，也是中国共产党人的伟大精神，体现了共产主义劳动伦理、人民群众劳动实践、社会主义劳动体制和中华民族劳动观念的内在统一。中国共产党是劳模精神建构的政治主体。中国共产党从劳动模范群体及其先进事迹中提取劳模精神，结合实践发展需要赋予劳模精神以新的时代特色和政治内涵，不断拓展劳模精神的阐释空间，将其纳入中国共产党精神谱系和中国特色社会主义劳动文化体系中，推动劳模精神升华为国家精神、民族精神、时代精神。

我从2019年开始接触劳模研究，最初研究这个问题还是因为博士论文撰写的需要。我的博士论文主题是研究马克思主义工会学说的中国化，而劳动模范和劳模精神是绕不过去的话题。为此，我申报了复旦大学马克思主义学院“泮林望菁”研究生创新计划项目，并以“优秀”等级结题。此后，由于工作原因，我对劳模精神的研究中断了一段时间。2021年，受中国工人出版社邀请，我重拾劳模精神研究，为此制订了详细的研究计划和写作安排，对劳模精神的历史性出场、劳模精神与中国共产党精神谱系的关系、劳模精神与延安时期的社会改造运动等问题有了进一步的认识。在研究过程中，我的一些理论成果以不同方式发表在一些期刊上，有的还在会议上做了宣读。例如，《劳模精神何以进入中国共产党精神谱系？——基于马克思主义劳动政治观的视角》发表于《中国劳动关系学院学报》2022年第1期，《论劳模精神的制度化建构及其发展》发表于《工会理论研究》2022年第1期，《新时代劳模精神研究的理论视野及其学术体系建构》发表于《工会理论研究》2021年第5期、《高等学校文科学术文摘》论点摘编，《劳动教育的政治形态与当代发展——兼论社会主义劳动教育的一般原理》发表于《工会理论研究》2020年第4期，《从乡土叙事到劳工话语：试论近代中国社会中心问题的结构性转换》发表于《劳动文化研究》（沈阳出版社2020年版），《从劳动模范到劳模精神：基于国家建设的视角》发表于《中国劳动关系学院学报》2019年第5期、人大复印资料全文转载。本书充分吸收了已经发表的研究成果，并根据写作需要做了必要的删减和修订，对于上述杂志的支持以及评审专家提出的宝贵意见表示衷心感谢！

本书是我对过去三年多来从事劳模精神研究的一个阶段性总结，劳模精神是永恒的，而我对劳模精神思想逻辑的探讨和解读则是初步性的、探索性的。希望本书能够开辟出一个展现劳模精神思想内涵的多维空间，这也是我为迎接党的二十大召开贡献的绵薄之力。当然，任何探索和尝试都难免会有不足和失误，本书也无法摆脱这个铁的规律。在此，我恳请学界同人提出批评和意见。其实，善于提出批评和意见，不就是新时代理论工作者的“劳模精神”吗？

目录

第一章

劳模精神的思想探寻：学术简史的视角

劳动模范是民族的精英、人民的楷模，是共和国的功臣。我国是人民当家作主的社会主义国家，党和国家始终坚持全心全意依靠工人阶级方针，始终高度重视工人阶级和广大劳动群众在党和国家事业发展中的重要地位，始终高度重视发挥劳动模范和先进工作者的重要作用。

——习近平在全国劳动模范和先进工作者表彰大会上的讲话，2020年11月

马克思以人类劳动实践为“突破口”，建立起一种旨在解释人类社会历史运动和社会形态演进内在逻辑的新世界观，从而实现了哲学史上的“哥白尼革命”。劳动的观点是马克思主义唯物史观的基本观点，无产阶级革命的历史使命就在于使劳动在经济上获得解放的政治形式，劳动由一种“贱民”的从属物转变为一项具有价值崇高性的社会实践形式，成为人的本质力量的外在表现，以不可逆转的历史铁律规定着现代国家建构与人的解放的方向和原则。没有劳动，就没有社会历史，没有人类文明，更没有中华民族伟大复兴。正所谓“空谈误国，实干兴邦”。劳模精神是马克思主义劳动观与中国共产党领导的劳模运动伟大实践相结合的时代精神，是社会主义核心价值观的

集中诠释和生动表达。党的十八大以来，习近平总书记围绕什么是劳模精神，如何弘扬和践行劳模精神发表了一系列重要论述，丰富和发展了马克思主义劳动观，有力地推动了劳模精神理论研究进入当代中国哲学社会科学体系，从此劳模精神的时代性阐释、学理性表达、学科性建构迈向新高度。

一、何以探寻

作为一项知识生产活动，理论研究受到内—外两个方面因素的制约。内部因素主要是指知识生产的资源积累、研究范式与学术取向，学术共同体是知识生产活动的实施主体。外部因素主要是指社会历史条件、政治经济因素、偶发事件等对知识生产议程所产生的外在性影响。前者作为内在规律，寓于知识生产活动之中；后者作为外在干预，具有时代性、偶然性和非确定性特点。新时代劳模精神的书写作为一项相对独立的知识生产活动，同样受到上述两个方面因素的影响和制约。政治力量与学术共同体共同塑造出书写新时代劳模精神的理论图示。

第一，政党推动是根本动力。习近平指出："广大劳模以平凡的劳动创造了不平凡的业绩。"①劳模精神是中国工人阶级的阶级品格和宝贵精神，是中华民族精神的时代写照和集中体现。党的十八大以来，以习近平同志为核心的党中央高度

① 《习近平谈治国理政》，北京：外文出版社2014年版，第46页。

重视劳模精神的弘扬和践行，讲好新时代劳模故事，阐释新时代劳模精神。习近平总书记两次出席全国劳动模范和先进工作者表彰大会（2015年、2020年），两次同中华全国总工会领导班子成员座谈（2013年、2018年），出席全国劳动模范代表座谈会（2013年）以及知识分子、劳动模范、青年代表座谈会（2016年），接见劳动模范和先进工作者代表（2014年），给中国劳动关系学院劳模本科班学员回信（2018年），深入工厂、企业、学校、机关、科研院所等看望慰问职工和劳动模范，“系统阐明劳模精神的理论渊源、历史根据、本质特征、时代内涵和实践价值，对进一步弘扬劳模精神提出了新定位、新任务、新要求”[①]。这些都为深化新时代劳模精神的理论书写提供了丰富思想资源，注入了强大政治动能，指明了学术创新的重要意义和前进方向。

第二，强国征程是时代背景。中国特色社会主义进入新时代，中华民族实现了从站起来、富起来到强起来的历史性跨越。人民是历史的创造者，一切幸福美好生活都是由劳动创造的。全面建设社会主义现代化国家，实现中华民族伟大复兴的中国梦，必须紧紧依靠广大工人阶级和劳动群众的力量，大力弘扬劳模精神、劳动精神、工匠精神，将新时代劳动竞赛引向深入，营造爱岗敬业、追求卓越、争创一流的劳动文化和舆论氛围。英雄模范人物是国家和民族的宝贵资源，坚持和发展新

① 彭维锋：《习近平总书记关于劳模精神的重要论述研究》，《山东社会科学》2019年第4期，第154—163页。

时代中国特色社会主义离不开他们。书写新时代劳模精神，有助于在新的历史起点上发现和揭示劳模精神的内在规律，有助于增强弘扬和传播劳模精神的有效性和针对性，有助于最大限度凝聚劳动群众的精神力量。

第三，学术共识是基础条件。劳模运动在国际共产主义运动中具有悠久的历史渊源。中国劳模运动发端于中央苏区时期，发展于延安时期，中华人民共和国成立后，劳模运动逐步趋于制度化、规范化。作为一项历史悠久的政治实践活动和生产动员机制，以劳动模范、劳模运动、劳模精神为主题的理论研究在改革开放后逐步兴起，一批奠基性文献史料的整理出版以及基础性理论研究工作的组织实施，为书写新时代劳模精神奠定了理论基础，提供了必要的文献准备。进入新时代，“构建高素质研究团队、凝练研究方向，推进劳模精神的时代化、系统化研究，是我国政治生活和哲学社会科学研究的一件大事”[①]。秉承上述理念和立场，学界在继承已有研究的基础上推动劳模精神的理论书写在守正创新中不断发展，通过著书立说、学术研讨、媒体发声、科研育人等方式，掀起新一轮热潮。书写好新时代的劳模精神，成为当代中国哲学社会科学事业的一道亮丽风景。

在各方面的共同努力下，新时代劳模精神的理论书写取得突破性进展，形成一批具有理论深度、时代亮度、历史厚度的

① 孙凡：《略论劳模精神的孕育传承和发扬光大——兼谈新时代劳模精神研究的重要任务》，《理论导刊》2018年第5期，第18—21页。

研究成果。主要包括以下内容：

在学术著作方面：姚荣启的《中国劳模史（1932—1979）》（中国工人出版社2020年版）、田鹏颖等的《劳模文化哲学论纲》（社会科学文献出版社2018年版）、徐大慰的《劳模精神研究》（安徽师范大学出版社2020年版）、杨冬梅等主编的《劳模学概论》（人民出版社2020年版）、陶志勇的《新时代劳动观》（中国工人出版社2021年版），这些著作涵盖历史学、文化哲学、文艺学、马克思主义理论等多个学科领域，学术方法和话语体系日趋多元。特别值得关注的是，以《劳模学概论》为代表的学术著作，在构建劳模精神研究的理论体系和学科体系等方面进行了原创性探索，为推进劳模精神研究学科化“探路”。

在学术文章方面：党的十八大以来，劳模精神研究进入“井喷期”。在中国知网检索发现，2013年以来以“劳模精神”为标题的理论文章超过500篇。代表性文章有彭维锋的《习近平总书记关于劳模精神的重要论述研究》（载《山东社会科学》2019年第4期）、田鹏颖等的《马克思唯物史观视阈中的劳模精神》（载《广西社会科学》2017年第11期）、孙力的《劳模精神的马克思主义审视及其当代价值》（载《思想理论教育》2017年第8期）、刘佳的《社会主义国家建设视野下劳模精神再阐释》（载《内蒙古社会科学》2019年第5期）、任鹏等的《劳模精神的生成逻辑：基于实践、理论、文化视角》（载《山东工会论坛》2018年第3期）、陶志勇的《新时代劳动观理论探析》（载《工会理论研究》2020年第4期）等。

在政治阐释方面：中华全国总工会组织专家力量，编写出版了一批以劳模精神为主题的干部教育读物和理论普及书籍。例如，全国总工会课题组的《深入学习贯彻习近平总书记关于工人阶级和工会工作的重要论述》（中国工人出版社2021年版）、乔东的《劳模精神　劳动精神　工匠精神学习读本》（中国工人出版社2021年版）、中华全国总工会编写的《争做新时代的奋斗者——深入学习贯彻习近平总书记给中国劳动关系学院劳模本科班学员回信重要精神》（中国工人出版社2018年版）等。

在学术组织与活动方面：以劳动模范、劳模文化、劳模精神等为理论特色的学术组织、研究机构等相继成立，如上海市总工会与复旦大学共建的马克思主义工运理论研究基地、全国劳模文化研究联盟等。这些学术组织和研究机构在构建劳模精神研究学术共同体，开展多层次劳模精神学术研讨活动，推动劳模精神理论研究成果转化等方面发挥了重要作用，凝聚了各方面研究力量，产生了广泛而积极的社会影响。

二、理论主题

党的十八大以来，以习近平同志为核心的党中央围绕什么是劳模精神、为什么要弘扬劳模精神以及新时代如何弘扬和践行劳模精神发表了一系列重要论述，在理论上拓展了劳动模范的时代意义、劳模运动的内在规律和劳模精神的本质规定的新境界，是习近平总书记关于工人阶级和工会工作重要论述的组成部分[①]。政治话语的当代建构激活了劳模精神研究的学术话语。作为一种理论响应，新时代劳模精神的书写和表达展现出许多新的特点，产生出一批具有标志性、影响力的理论成果。讲好新时代劳模故事，理论的彻底性至关重要。回顾新时代劳模精神书写与表达的理论、主题与范式，构筑弘扬新时代劳模精神的学术支持体系，对于构建中国特色社会主义劳动文化理论体系、话语体系和学术体系具有重要意义。

（一）劳模精神的历史逻辑

劳模精神是劳动模范和劳动群众集体精神和宝贵品质的“人格呈现”，它与中国工人阶级的阶级品格和中华民族伟大精神一脉相承。劳动模范在劳模运动中脱颖而出，是劳动竞赛的胜出者，是共产主义劳动伦理的承载者和践行者。社会存在决定社会意识。研究劳模精神，首先是要回归历史深处，深入劳模运动与劳动竞赛的历史实践之中，在历史发展的大逻辑中揭示劳模精神“出场”的必然性。

姚荣启的《中国劳模史（1932—1979）》（中国工人出版社2020年版）是近年来涌现的以劳模运动史为主题的代表性著作。该书以大量翔实的一手史料，全面系统地考察了中国劳模

① 全国总工会课题组：《深入学习贯彻习近平总书记关于工人阶级和工会工作的重要论述》，北京：中国工人出版社2021年版，第3页。

的历史起源、延安时期劳模运动的进一步发展、革命年代根据地劳动生产运动与表彰实践、中华人民共和国成立后历次劳模表彰大会、社会主义建设进程中劳模运动与劳模贡献、改革开放初期劳模运动的开展与劳模精神的重构等。中国劳模运动最早发端于井冈山时期。1933年，毛泽东参加武阳劳模表彰大会，他在给苏区妇女颁发的奖品中，竹笠上印有“劳动模范妇女”几个大字，这应该是中国首次使用“劳动模范”这一称谓称呼在生产建设中成绩卓越的劳动者[①]。该书的出版具有重要意义，开启了中国劳模运动通史书写的先河，“生动回答了中国劳模的历史起源、中国劳模评选制度建设、中国劳模运动在各个发展阶段的重要特征等问题”[②]。

与劳模运动通史研究相比，学界将视线更多地投向历史个案研究。这些历史个案主要集中在三个时间段，在理论上呈现出三个学术主题。一是中央苏区时期劳动竞赛与劳模精神的历史孕育。游海华（2020）对苏区时期中国共产党树立劳动模范的历史实践进行了历史考察，认为革命竞赛和劳动竞赛是苏区时期中国共产党培育和树立劳动模范的重要载体，其目的在于解决局部政权和外部危机环境下根据地物资匮乏和经济困境问题，共产党通过表彰和宣传，将劳模精神纳入政党意识形态之

① 姚荣启：《中国劳模史（1932—1979）》，北京：中国工人出版社2020年版，第8页。

② 罗荣波：《书写时代领跑者的传奇——读〈中国劳模史（1932—1979）〉》，《班组天地》2020年第9期，第90页。

中，实现对苏区民众观念和行为模式的重塑，一种全新的劳动价值观由此建构而成[①]。二是延安时期大生产运动与劳模精神的政治建构。大生产运动是延安时期中国共产党为解决根据地资源供给不足而开展的一项社会化生产运动，并在大生产运动中发现和树立了一大批劳动英雄和劳动模范，使劳模运动在延安时期得到进一步发展。汤春松（2021）、张雪梅和杨利文（2016）注意到，延安时期的劳动生产运动，不仅解决了根据地物质供给的难题，更在意识形态领域构造出“劳动光荣”的道德观念和集体意识[②]，实现了对旧社会遗留的“贱视劳动”思想的置换[③]。孙云（2013）以吴满有为个案，考察了吴满有劳模形象的建构与政治传播过程，认为中国共产党大力表彰和宣传劳模，为中华人民共和国成立后国家管理积累了重要经验，但在具体操作过程中也出现了“敷衍了事、粗枝大叶作风”，造成劳模表彰的动员功效受到影响[④]。赵法发（2016）同样运用人物志的研究方法，对孙万福个体生活史进行了全面考察，揭示劳动英雄的塑造与个体的主观能动性固然密不可分，但“国家

① 游海华：《新价值观建构与引领：苏区时期中国共产党树立劳模的历史考察》，《福建论坛（人文社会科学版）》2020年第11期，第81—94页。

② 汤春松：《社会史视野下的陕甘宁边区劳动英雄运动》，《中国劳动关系学院学报》2021年第3期，第95—101页。

③ 张雪梅，杨利文：《延安时期陕甘宁边区“劳动光荣”意识的塑造》，《延安大学学报（社会科学版）》2016年第2期，第30—35页。

④ 孙云：《延安时期劳模表彰运动的实际功效——以吴满有形象的建构及影响为例》，《党史研究与教学》2013年第2期，第11—22页。

力量的运营”更为重要[①]。王建华（2019）考察了延安时期劳模英雄产生的政治仪式过程，指出劳动英雄的选拔与表彰是共产主义革命的产物，是具有中国特色的对英雄人物的政治训练与调试，劳动英雄的塑造使英雄人物在道德上的崇高性与劳动者的现实性之间达成了内在统一[②]。三是新中国成立后劳模表彰及其社会效应评价。姚力（2013，2015，2020）发表了一系列论文，分别对新中国成立初期、20世纪70年代末和80年代的劳模表彰及其社会效应作出全面回顾与客观评价，指出新中国成立后党中央逐步建立了以国家名义对劳动模范进行集中表彰的制度安排，劳模评选表彰进入制度化、规范化时代[③]。

（二）劳模精神的政治形态

这一书写范式是由劳模精神的历史书写派生出来的。劳动模范是中国共产党领导下的劳模运动的杰出代表，是生产竞赛的胜出者和劳动英雄。劳动模范身上所彰显出的阶级意识、集体精神和实践理性与共产主义劳动伦理高度一致，劳模精神是中国共产党政治建构而成的无产阶级政党意识形态和社会主义劳动文化。

① 赵法发：《农民、劳动英雄与诗人：孙万福的个体生活史》，《中国延安干部学院学报》2016年第4期，第95—100页。

② 王建华：《中国革命的乡村道路》，北京：中央文献出版社2019年版，第245—267页。

③ 姚力：《20世纪80年代全国劳模表彰及其时代价值》，《当代中国史研究》2020年第5期，第48—58页。

王明生、董颖鑫（2010）较早地运用历史—政治学分析方法，对陕甘边区劳模运动进行了政治分析。他认为，中国共产党在陕甘边区开展劳模运动，其直接目的在于用最少的人力和时间完成较大的生产任务，政治力量推动是劳模运动得以开展的必要条件；随着劳模运动范围扩大和影响力提升，边区原有个体性生产的劳动生产组织模式被合作化生产组织模式所取代，这种生产组织模式以追求平等和合法性为目标，为中华人民共和国成立后党和政府通过政治典型开展政治动员提供了借鉴和参考①。该项研究成果尽管发布于2012年以前，但其思想创新和学术启迪影响至今。

劳模精神不是一个抽象的价值符号，它在本质上是由中国共产党建构而成的劳动伦理和精神形态，是伟大建党精神在劳动实践领域的展开和具体呈现。2021年9月1日，《求是》杂志发表习近平总书记重要文章《党的伟大精神永远是党和国家的宝贵精神财富》，这篇文章集中收录了习近平总书记关于党的伟大精神的36条重要论述，其中第30条是习近平总书记在2020年11月全国劳动模范和先进工作者表彰大会上关于劳动精神的重要论述。明芳、石路（2021）全面回顾了中国共产党建构劳模精神的历史进程，指出百年来劳模精神经历了从“劳工神圣”“劳动英雄模范精神”“工农兵劳动模范精神”“弄潮儿

① 王明生，董颖鑫：《陕甘宁边区劳模运动的政治分析》，《学海》2010年第5期，第48—53页。

劳模精神”到“大国工匠精神”的嬗变[①]。

揭示劳模精神政治建构的微观机理也是一项重要的理论任务。刘佳（2019）发表了一系列论文，对劳模精神建构的政治逻辑及其微观机制进行了深入研究。研究发现，中国共产党建构劳模精神大致经历了三个阶段，借助了六项机制。第一阶段是发现劳动模范，主要有组织评选机制和群众监督机制；第二阶段是构建劳模形象，主要有意义赋值机制和政治确认机制；第三阶段是升华劳模精神，主要有理论吸纳机制和社会教化机制[②]。在上述过程和机制作用下。劳模精神逐步进入中国共产党意识形态谱系中，从而实现了对马克思恩格斯“劳模话语”的根本性改造[③]。劳模精神一旦形塑而成，就会以其强大的精神力量、价值感召、社会认同引领现代国家建设[④]。与上述观点相近，徐大慰（2020）阐释了劳模精神的再生产机制，第一阶段是从现实中的劳模事迹和精神到媒介中的劳模形象和劳模精神，第二阶段是劳模精神规训受众，在人民群众中再现劳模行为和继承劳模精神。前者为劳模精神的生产过程，后者为再

① 明芳，石路：《从“劳工神圣”到“大国工匠精神”：中国共产党劳模精神的百年建构与嬗变》，《当代教育论坛》2021年第7期，第1—11页。

② 刘佳：《论劳模精神的政治逻辑》，《南通大学学报（社会科学版）》2019年第4期，第22—28页。

③ 刘佳：《从劳动模范到劳模精神：基于国家建设的视角》，《中国劳动关系学院学报》2019年第5期，第48—58页。

④ 刘佳：《社会主义国家建设视野下劳模精神再阐释》，《内蒙古社会科学》2019年第5期，第39—46页。

生产过程[①]。

在新时代，劳模精神之所以呈现出典型的政治形态面向，一方面与以习近平同志为核心的党中央对劳动模范和劳模精神的高度重视有关。彭维锋（2019）指出，习近平总书记多次就劳模精神发表重要讲话，系统阐明新时代劳模精神的历史源流、嬗变轨迹和生成逻辑，构建了新时代劳模精神的理论基石、历史逻辑、时代内蕴和实践价值，继承和丰富了马克思主义劳动观[②]。另一方面与劳动模范发现、培养、选树、表彰的一系列政治过程有关。彭维锋（2021）认为，劳模选树制度是中国制度自信的重要构成部分，是党治国理政的一项基础性、经常性工作[③]。李珂（2018）认为，劳动模范评选表彰制度是我国特有的一项制度，劳模评选标准和评选范围的变化在不同时代具有差异性，劳模精神是激励广大劳动群众投身社会主义事业的精神力量[④]。

（三）劳模精神的价值诠释

一种精神符号之所以被政治力量建构起来，根本原因在于

---

① 徐大慰：《劳模精神研究》，芜湖：安徽师范大学出版社2020年版，第321页。

② 彭维锋：《习近平总书记关于劳模精神的重要论述研究》，《山东社会科学》2019年第4期，第154—163页。

③ 彭维锋：《新时代劳模精神、劳动精神、工匠精神的理论内涵与实践导向》，《江西社会科学》2021年第5期，第208—217页。

④ 李珂：《楷模与引领：劳动模范评选制度的嬗变与省思》，《教学与研究》2018年第6期，第77—84页。

这一精神符号具有“价值性”。具体到劳模精神来说，这种价值性体现在两个方面：一是劳模精神对政党和国家具有政治价值。中国共产党将劳模精神纳入政党意识形态谱系中，使之成为中国政党文化和政治伦理的组成部分。二是劳模精神对社会主义国家具有实践价值。劳模精神在“精神形态”维度上揭示了劳动创造对社会主义国家建设的重要意义，是组织动员劳动群众投身国家现代化事业的精神力量。劳模精神是时代精神的缩影、民族精神的体现。劳模精神价值论研究在理论视角上形成了总体性研究和具体化阐释两条学术路径。

首先是总体性研究路径。田鹏颖、姜耀东（2018）的《劳模文化哲学论纲》是第一部从哲学视角阐述劳模精神文化属性的重要著作，该书从本体论、认识论、生成论、衍化论、方法论、价值论、创新论七个方面全面揭示了劳模现象和劳模文化背后的价值基因、文化脉络和精神力量。该书认为，劳模文化的价值意义主要体现在四个方面：1.劳模精神能够促进社会改革发展，是推动社会发展的导向标；2.劳模精神是企业发展的原动力，能够提高企业效率，使工人拥有更多获得感；3.劳模精神为个人发展提供了榜样力量；4.劳模精神能够有力推动社会发展，为社会创造价值①。夏一璞（2021）指出，劳模精神是一个完整的“精神形态”，其中爱岗敬业、争创一流是劳动态度，艰苦奋斗、勇于创新是意志品质，淡泊名利、甘于奉献是道德

① 田鹏颖，姜耀东：《劳模文化哲学论纲》，北京：社会科学文献出版社2018年版，第181页。

境界，劳动精神是劳模精神的本质属性，“劳模精神源于劳动者的活劳动，因此具有强烈的主体性、鲜活的超越性、非凡的创新性和高贵的奉献性”[①]，应当成为全世界普遍遵循的价值准则。

其次是具体化阐释路径。一些学者阐释了劳模精神的多维意蕴和价值功能。1.经济调控功能。孙力（2017）指出，要从科学社会主义原则出发理解劳模精神的价值功能，劳模精神与社会主义生产相对应，破解了社会主义在落后国家推进的难题，实现了对市场经济负效应的有效矫正，彰显了社会主义职业精神和职业伦理的基本要求，体现了对工匠精神和创造性劳动的时代追求[②]。2.价值引领功能。田鹏颖、李雨珊（2020）指出，劳模精神展现了社会主义核心价值观的精髓，“马克思主义劳动观，特别是当代中国马克思主义劳动观，就是社会主义核心价值观”[③]。劳模精神是中国特色社会主义文化的重要组成部分，推进劳模精神时代化、大众化、生活化是弘扬新时代劳模精神的基本路径[④]。卢霄、赵书靓（2018）从历史的纵深维度出发，论述了劳模精神与社会主义核心价值观的实践渊源

① 夏一璞：《劳模精神》，北京：人民日报出版社2021年版，第192页。

② 孙力：《劳模精神的马克思主义审视及其当代价值》，《思想理论教育》2017年第8期，第10—14页。

③ 田鹏颖，李雨珊：《论劳模精神的时代价值》，《中国劳动关系学院学报》2020年第4期，第60—66页。

④ 田鹏颖，王圆圆：《马克思唯物史观视阈中的劳模精神——兼论劳模精神在中国特色社会主义文化中的地位》，《广西社会科学》2017年第11期，第195—197页。

与关系流变，指出以劳模精神驱动社会主义核心价值观是中国共产党在革命战争时期已经形成的优良传统[①]。3.社会动员功能。刘向兵（2021）指出，劳模精神以崇尚劳动和尊重劳动者为内核，是伟大创造精神、伟大奋斗精神、伟大团结精神、伟大梦想精神在工人阶级群体中的生动体现，是激励全党全国各族人民面向新征程、展现新作为的精神动力[②]。4.思想育人功能。劳模精神是立德树人的宝贵教育资源，具有十分显著的育人功能。有调查发现，当前大学生对劳模精神的认知状况存在多元化与多样化并存，对劳动价值认同度高但认知度不高，把劳模精神等同于埋头苦干等情况[③]。李珂（2018）指出，在高校建立劳模精神引领机制，有助于让大学生近距离地接触劳动模范、感受劳模精神、聆听劳模故事、观摩精湛匠艺，从而引导青年大学生勤奋学习、勤于钻研、勤勉敬业[④]。此外，还有一些学者提出了构建劳模精神进校园、进课堂、进教材的工作思路和政策建议[⑤]。

---

① 卢霄，赵书靓：《劳模精神驱动社会主义核心价值观践行的历史与实践逻辑》，《东北大学学报（社会科学版）》2018年第5期，第527—531页。

② 刘向兵：《用劳模精神、劳动精神、工匠精神凝聚新征程奋斗力量》，《红旗文稿》2021年第1期，第37—39页。

③ 吴沛东：《当代大学生劳模精神认知状况分析与培育路径》，《思想理论教育》2018年第11期，第102—106页。

④ 李珂：《用劳模精神激励当代大学生做新时代的奋斗者》，《中国高等教育》2018年第11期，第51—53页。

⑤ 杜人杰：《高校开展劳模精神教育的时代价值及路径分析》，《山东工会论坛》2020年第4期，第38—42页。

（四）劳模精神的学科视野

从学科视野高度对劳模精神予以理论审视可以追溯到20世纪80年代。改革开放以后，我国哲学社会科学发展迎来“春天”，管理学、哲学、社会学、法学等社会科学学科体系恢复重建，工会工作科学化、工会研究学科化的呼声日益高涨。在此背景下，一批学者开始推动工会学学科建设，探索构建具有中国特色的社会主义工会学理论体系。在探索建立工会学学科体系过程中，学界普遍将劳模精神研究纳入工会学学科体系范畴之中，在工会学学科教材中以单独章节的形式予以凸显。

进入新时代以后，推进实践基础上的理论创新，构建中国特色哲学社会科学成为一项重大战略任务。伴随劳模精神研究的持续升温，推动劳模精神研究学科化再次进入学界的视野。与20世纪80年代不同，新时代劳模精神研究的学科形态已经从工会学学科形态中逐步“走出”并获得新的时代意义。赵健杰（2019）提出了深化中国劳模学理化研究的任务，这是因为停留于对劳模现象的直观描述难以达到对劳模本质的深刻认识和全面理解，有必要通过对劳模现象及其先进事迹，以及历史演进和当代重大贡献的深刻理论反思，着力进行理论建构，形成完整的逻辑体系①。学理化的中国劳模研究可称为“劳模学”或“劳动模范学”，它是指“以马克思主义经典作家相关思想

---

① 赵健杰：《关于中国劳模学理化研究的思考》，《工会信息》2019年第19期，第9—12页。

和马克思主义中国化相关理论成果作为方法论，以习近平总书记关于工人阶级和工会工作的重要论述作为指导思想，通过对劳模群体及其先进事迹的理论概括，旨在从规律层面深刻揭示劳模现象产生的历史必然性、劳模运动的发展趋向、劳模劳动基本属性和主要特点、劳动的本质规定及其基本特征、决定劳模成长的制度机制和外在条件、劳模成长发展规律及重大影响，以及劳模同党、政府和周围事物的关系”[①]。

劳模研究学科化催生了一批以“劳模学”为主题的理论著作和教科书。杨冬梅、赵健杰（2020）主编的《劳模学概论》，以劳模现象、先进事迹、社会贡献及其影响，以及劳模的历史发展规律作为研究对象，从历史、理论、文化、实践和发展趋势等多重维度，对劳模学的理论建构、劳模制度的历史演变与时代价值、劳模与政治建设、劳模与经济建设、劳模与文化建设、劳模与劳动教育、劳模与职业培训、劳模与工会工作等进行了系统深入研究，揭示了劳模运动的一般规律和特殊规律[②]。陈必华等（2020）主编的《劳模精神导论》从劳模形象的历史变迁、劳模精神与职业道德、劳模精神与产业发展、劳模精神与文化建设、劳模精神的价值取向五个维度构建劳模精神的理论体系。徐大慰（2020）的《劳模精神研究》从劳模

① 赵健杰：《“劳动模范学”理论创新意义与建构逻辑》，《工会理论研究》2021年第2期，第4—14页。

② 《〈劳模学概论〉出版》，http://news.china.com.cn/2020-10/23/content_76837629.htm。

精神的内涵与价值、劳模事迹、劳模精神品质、劳模形象塑造、弘扬劳模精神的路径与方法五个方面构建劳模精神的阐释框架。

三、学术使命

中国特色社会主义进入新时代，这是一个大有作为的时代，也是一个大量造就劳动模范的时代。劳模精神的理论书写实现新发展，理论自觉、学术自信、世界影响显著增强。一方面，得益于以习近平同志为核心的党中央对劳动模范的深情关怀，对弘扬和践行劳模精神的高度重视；另一方面，得益于学界长期以来对劳动模范和劳模精神研究的理论积累和学术耕耘，劳模精神的理论书写在新时代迎来广阔的发展前景。

总体观之，新时代劳模精神研究主要呈现出三个特点：一是论题融合。劳模精神研究、劳模运动研究、劳模政治研究、劳模现象研究高度融合，学术视野进一步打开，不同论题的研究边界日渐淡化，劳模研究正在成为当代中国哲学社会科学的一门“显学”。二是范式多元。历史研究、理论研究和学科研究三大范式齐头并进，在劳模运动史料搜集和整理上取得新突破，对劳模现象的政治分析与价值阐释取得新进展，劳模学学科建制与学术体系建设取得新成果。三是力量壮大。学术共同体建设进程明显加快，理论书写的包容性和开放性显著提升，马克思主义理论、政治学、历史学、社会学、文化学等学科研究者不断加盟其中，学术范式、研究方法和话语体系日渐多元，劳模精神研究正逐渐成为社会科学研究的公共论题。

进入新发展阶段，劳模精神研究迎来重大发展机遇。《中国工运事业和工会工作“十四五”发展规划》指出：“加大对劳动模范和先进工作者的宣传力度，讲好劳模故事、讲好劳动故事、讲好工匠故事，营造劳动光荣的社会风尚和精益求精的敬业风气。”①只有理论上彻底，才能在道理上征服人、在情感上感染人、在价值上吸引人。贯彻落实中国工会“十四五”规划，讲好新时代劳模故事，书写新时代劳模精神，展现新时代劳模形象，构建中国特色社会主义劳模文化理论体系和学术体系，还有不少任务亟待完成。

第一，破解重大理论问题。劳模精神的研究领域比较广、弹性比较强、学科方法比较多元，学界已经进行了比较丰富而全面的探索和研究。这些成果具有比较强的发散性特征。下一步，我们要将研究的视野进一步聚焦到关涉劳模精神的重大理论问题上来。比如，如何理解劳模精神、劳动精神、工匠精神之间的关系，如何理顺三者之间的价值排序；劳模精神是中国共产党精神谱系的重要组成部分，如何在学理上对上述命题作出全面论证和说明；习近平总书记关于劳动模范和劳模精神的重要论述，在何种意义上发展了马克思主义劳动观；等等。这

① 《中国工运事业和工会工作“十四五”发展规划》，北京：中国工人出版社2021年版，第16页。

些问题是劳模精神研究绕不过去的重大理论问题，需要引起高度重视。

第二，推进学术范式革新。学术范式是研究者就如何开展某一问题研究所采取的技术路线、学理基础、逻辑思路和话语体系的广泛共识和思想认同，指导着理论研究工作的开展，影响着学术成果的呈现形式。经过长期努力，劳模精神研究的学术范式已经具有雏形，学术规范明显增强，学理深度显著提升。在此基础上，要把推进学术创新摆在更加突出的位置，减少重复性、宣传性研究比重，增加原创性、创新性研究分量。术语创新是学术创新的基础。习近平指出："加强对党中央治国理政新理念新思想新战略的研究阐释，提炼出学理性的新理论，概括出有规律性的新实践。"[①]有学者提出"劳模学""劳模政治"等概念工具，这种创造性精神值得肯定和发扬。要结合新时代中国劳模运动的实践特点，在中国特色社会主义和现代国家建构视野下阐释劳模精神的独特理论内涵，揭示劳模现象背后的复杂机理，构建具有中国特色的劳模文化理论体系、学术体系和话语体系。

第三，加快研究成果转化。劳模精神研究的最终目的，是为大力弘扬劳模精神、构建劳模文化提供学理支撑。劳模精神研究必须服务于劳模精神传播和劳模文化建设。客观地讲，劳模精神研究尽管在数量规模上有了新发展，但理论研究成果直

① 习近平：《论党的宣传思想工作》，北京：中央文献出版社2020年版，第233页。

接服务于劳模文化建设的效度还有待提升，引领劳模运动发展的动能还有待增强。“理论在一个国家的实现的程度，总是取决于理论满足这个国家的需要的程度。”[①]要对标国家需要和社会需求，坚持理论联系实际和理论指导实践的学风，“着眼于党和国家改革发展稳定大局、建设社会主义文化强国、产业工人队伍建设、培育和践行社会主义核心价值观等重大理论和现实问题，探究劳模精神的思想性和示范性，不断提出更多对顶层设计有参考价值的、对社会实践有支撑功能的研究成果”[②]。提升劳模精神研究成果对服务经济社会发展和社会主义文化建设的贡献度。

第四，补齐研究力量短板。深化劳模精神的学理研究，是学术共同体的共同责任。新时代以来，以劳模精神研究为“治业”的学术力量在稳步增长，一些高校硕士生、博士生把劳模精神研究作为自身学位论文的选题方向。通过横向比较发现，研究力量总体不强、团队规模相对较小、具有重大影响力的研究成果存在短板，仍是劳模精神学术共同体建设面临的突出问题，必须把培养后备人才摆在更加突出的位置。一方面，发挥中国劳动关系学院、高校马克思主义学院等平台和学科的优势，培养劳模精神研究的专业化人才，在思想政治教育学科下设置劳模精神研究方向，招收硕士研究生，建立和完善培养方

① 《马克思恩格斯文集》（第1卷），北京：人民出版社2009年版，第12页。

② 彭维锋：《深化新时代劳模精神研究的着力点》，《中国社会科学报》2020年12月17日。

案和课程体系，培养一批从事劳模精神研究的青年人才；另一方面，在“新文科”框架下构建开放型劳模精神研究空间，精心培育和打造一批多学科、复合型、老中青相结合的学术创新团队，开展多层次、多领域学术交流活动，增进劳模精神研究的学术共识和理论自觉。

第二章

原典中的工人阶级：劳模精神的主体力量

> 由于实践，由于长期斗争的经验，经过马克思恩格斯用科学的方法把这种种经验总结起来，产生了马克思主义的理论，用以教育无产阶级，这样就使无产阶级理解了资本主义社会的本质，理解了社会阶级的剥削关系，理解了无产阶级的历史任务，这时他们就变成了一个“自为的阶级”。
>
> ——毛泽东《实践论》，1937年7月

劳模精神是工人阶级的伟大品格，工人阶级是劳模精神的主体力量。劳模精神的思想逻辑不是抽象的，任何一种思想都不可能脱离历史而存在，思想逻辑只不过是历史进程的表达和呈现罢了。工人阶级[①]的诞生是资本主义工业化进程的客观结果，他们既是剩余价值的被占有者，也是共产主义新文明类型的创造者。工人阶级必须首先意识到自身作为社会革命的主体力量，才能实现劳动解放和阶级解放。工人阶级是孕育和建构劳模精神的社会阶级基础，工人运动的历史实践是理解劳模精神思想逻辑的透视镜。对工人阶级来说，劳模精神不仅意味着劳动的自觉性和主动性（劳动精神）、劳动的专业性和精湛性

① 在马克思恩格斯那里，“工人阶级”与“无产阶级”是同一语，是指在资本主义雇佣劳动体制下不占据生产资料，以出卖自己的劳动力为生的产业工人群体。

（工匠精神），还彰显出鲜明的历史自觉和坚毅的政治品格。劳模精神使工人阶级获得集体行动的政治理性，这种政治理性关联到阶级解放和劳动解放的历史主题，直指共产主义新文明形态建构的历史重任。

一、工人阶级的概念史

概念是历史的镜像，历史创造概念。作为概念的“工人阶级”，是随着资本主义机器化大生产的扩张与发展，造成大规模职业化的产业工人出现，从而被理论家在政治经济学领域率先建构起来的。因此，“工人阶级”概念依附于作为社会群体的工人阶级而存在。在马克思恩格斯以前乃至更为遥远的古典时代，理论家们则用“无产者”来指代那些仅靠自己的劳动以维持基本生计的社会底层群体。在他们眼中，“无产者”是以负面形象示人的“社会肿瘤”。

所谓“无产者”，就是指那些不占有生产资料、长期游离于社会结构边缘、仅靠自己的劳动能力为生的社会底层群众。从语义上来看，“无产”是相对于“有产”而言的，是否拥有财产以及财产的多寡是衡量社会成员等级身份的基本尺度。古罗马帝国末期的马库斯·塔留斯·西塞罗（Marcus Tullius Cicero）在《论共和国》中，把那些“家产不足一千五百铜币或除了人丁之外没有任何财产”的群体，叫作“无产者”，他们的主要任务就是繁衍后代，增加人口，除此之外没有任何社会地位和社会能力，可谓与动物无异，但仍属于平民阶层，享有一定的社会权利和尊严。罗马贵族间长期的内乱斗争以及频繁的对外作战，致使平民的土地大肆被侵占、破坏，赋税负担不断加重。受此影响，大量平民沦为破产的无产者，被排挤到社会结构的边缘地带。

伴随近代资本主义工业文明的兴起，社会“两极”化态势已成定局，底层民众为了基本生存掀起一轮又一轮的抗争运动，直接威胁统治当局的既得利益。无产者“污名化”的形象与其主体性意识的觉醒，在资本主义发展早期交织于一体，这引起了理论家们的注意。亚当·斯密在《国富论》中从劳动分工的角度解释了无产者的形成，认为由于人具有异质性和比较优势，这种差别——源于人类的本性——意味着社会生产必须依赖分工，分工反过来又扩大了这种差别。与斯密不同，马尔萨斯在《人口学原理》中运用理性计算方法，提出了饱受争议的“两个公理”“两个级数”理论。他认为，人类生存和繁衍，依赖于食物和性欲，生活资料与人口增长是相互制约的，人口规模按几何级增长，生活资料数量则按算数级增长，当生活资料的数量难以满足人类需求时，就会造成贫困人口和无产者的出现[①]。瑞士政治经济学家西斯蒙第在《政治经济学新原理》中将无产者的产生归结于工业社会，认为资本主义生产方

① 杨晋锋：《“扬弃”马尔萨斯人口理论》，《思想战线》2011年人文社会科学专辑，第286—288页。

式和蒸汽动力的普及使工人“完全变成无产者”[①]。这一分析尽管进入社会历史情景中，但由于缺乏对“劳动—资本”关系的深刻剖析，只能看到资本主义造成大量失业人口的现象，未能触及资本主义的本质，所以也就无法看到工人阶级的历史主体性身份及其所蕴含的历史性力量。

马克思恩格斯对被污名化的“无产者”概念进行改造[②]，赋予其积极的正面形象，实现了“无产者”概念向“工人阶级”术语的转化。从此，工人阶级作为一个规范表达，被广泛应用于政治经济学和历史科学的分析中。在后马克思时代，受政治运动和社会科学方法论转向的影响，理论界对马克思主义的定性、理论和研究等方面发生偏移，马克思恩格斯工人阶级形成论也被牵扯其中，在立场观点、研究方法和解释模式等方面出现了明显分野。

首先，马克思主义阶级理论的捍卫方，以列宁和中国马克思主义者为代表。列宁根据资本主义发展到帝国主义阶段以后工人运动的新特点，以及俄国工人运动具体实际，在重申资本主义工业化生产造就工人阶级的同时，更强调阶级意识和工人政党在工

① 〔瑞士〕西斯蒙第：《政治经济学新原理》，何钦译，北京：商务印书馆2009年版，第二版序言，第5页。

② 有论者分析了马克思恩格斯改造“无产者”概念的三个环节，首先是把“等级”转换为“阶级”；其次是严格区分“无产阶级”和“无产者”；最后是把“工人阶级”视为推动历史发展的主体力量，是无产阶级的实在主体。（参见郭台辉：《无产者从何而来，向何处去——马克思到西塞罗的历史倒溯》，《南京大学学报（哲学·人文科学·社会科学版）》2018年第5期，第12—25页。）

人阶级形成中的中介性作用。列宁在《怎么办？》中指出：“工人阶级单靠自己本身的力量，只能形成工联主义的意识”[①]，“必须以高度的热情把由此获得的日益明确的意识传布到工人群众中去，必须日益加强团结党组织和工会组织”。[②]列宁所说的阶级意识，就是指关于社会主义和共产主义的政治知识和理想信念。列宁在为俄共（布）第二个党纲而起草的文件中再次指出，共产党要向无产阶级阐明剥削制度的根源和社会革命的历史意义，共产党要“向无产阶级揭示剥削者的利益同被剥削者的利益之间的不可调和的对立，并向他们阐明行将到来的社会革命的历史意义和必要条件”[③]。毛泽东也认为，自发的工人只有形成了关于政治国家和社会发展的知识图式，才能“使无产阶级理解了资本主义社会的本质，理解了社会阶级的剥削关系，理解了无产阶级的历史任务，这时他们就变成了一个‘自为的阶级’”。[④]

其次，以汤普森、韦伯、卡兹尼尔森等为代表的西方学者，试图摆脱或置换马克思恩格斯的“经济结构—阶级意识—阶级结构”的理论框架。汤普森在《英国工人阶级的形成》中认为，阶级之所以形成，关键在于拥有共同经历基础上的反思以及对共同利益的确认，“阶级是一种历史现象，而不把它看成一种‘结构’，更不是一个‘范畴’，我把它看成是在人与

① 《列宁专题文集》（论无产阶级政党），北京：人民出版社2009年版，第76页。

② 《列宁专题文集》（论无产阶级政党），北京：人民出版社2009年版，第73页。

③ 《列宁专题文集》（论无产阶级政党），北京：人民出版社2009年版，第188页。

④ 《毛泽东选集》（第1卷），北京：人民出版社1991年版，第288—289页。

人的相互关系中确实发生（而且可以证明已经发生）的某种东西”。在共同经历的基础上，“感到并明确说出他们之间有共同利益，他们的利益与其他人不同（而且常常对立）时，阶级就产生了”[①]。马克斯·韦伯则认为，“相同或相近的利益”并不能解释阶级的存在，阶级的出现是一种概率性事件，“这种概率产生于对货物和技能的相对控制权，产生于它们在既定经济秩序中创收的用途”[②]。但是，“控制权”的源头如何追溯、“创收”何以可能，韦伯并没有作出更详细的说明。卡兹尼尔森和泽尔博格（Katznelson & Zolberg）是工人阶级多元形成论的代表性人物，他们在《19世纪工人阶级的形成》中明确反对马克思恩格斯那种从阶级结构中推导出阶级意识和阶级行动的“概念化”理论，他们在历史比较中得出阶级形成的四个环节：一是资本主义结构造成的无产化，二是社会结构造成的劳动力市场与社会分层，三是文化结构形成的对环境与利益的感知和反应，四是行动结构框架下的集体行为模式和组织化形式[③]。另外，也有论者对当前工人阶级形成论研究的范式作出概括，例如经济中心主义范式、文化范式、社会保护范式、政

① 〔英〕E.P.汤普森：《英国工人阶级的形成》（上），钱乘旦译，北京：译林出版社2013年版，前言第1—2页。

② 〔德〕马克斯·韦伯：《经济与社会》（第1卷），闫克文译，上海：上海世纪出版集团2010年版，第420页。

③ 参见：1）吴清军：《西方工人阶级形成理论评述——立足中国转型时期的思考》，《社会学研究》2006年第2期，第182—203页；2）汪仕凯：《工人政治的逻辑及其变革：职工代表大会制度研究》，复旦大学博士论文，2011年。

治体制范式、社会运动范式等[①]。

马克思在《哲学的贫困》中，创造性地提出了工人阶级形成理论，即从“自在阶级”转向“自为阶级”。马克思认为：“经济条件首先把大批的居民变成劳动者。资本的统治为这批人创造了同等的地位和共同的利害关系。所以，这批人对资本说来已经形成一个阶级，但还不是自为的阶级。在斗争（我们仅仅谈到它的某些阶段）中，这批人联合起来，形成一个自为的阶级。他们所维护的利益变成阶级的利益。而阶级同阶级的斗争就是政治斗争。”[②]这段论述指出了工人阶级形成的三个关键阶段：第一，经济条件和政治条件的共同作用形塑具有同等地位和相同利害关系的社会群体，这一社会群体在资本主义体制下已经成为一种客观存在的社会阶级，并在资本主义社会结构中占有一席之地。第二，在现实社会情境条件下，工人在反对资本逻辑及其雇佣劳动体制的过程中，具有相同地位和相同利害关系的工人群体历经组织化的集体行动，逐渐意识到本群体共同利益的存在及其与资本的对立性，由此确立了有关“劳动—资本”对立性关系的认知体系。这一认知体系就是阶级意识，“工人和资本家的对立越尖锐，工人中的无产阶级意识也就越发展，越明朗”[③]，工人只有认清自身社会问题的解

① 李洪君：《工人阶级形成研究综述》，《党政干部学刊》2009年第6期，第56—58页。

② 《马克思恩格斯文集》（第1卷），北京：人民出版社2009年版，第654页。

③ 《马克思恩格斯文集》（第1卷），北京：人民出版社2009年版，第475页。

决路径以及社会历史发展进程的一般规律①，才能实现从“自在阶级”向“自为阶级”的成功转换②。第三，工人阶级是经济—政治力量共同塑造的结果，是资本主义社会历史发展的必然产物，政治—经济压力与工人内部组织化联合是工人阶级形成的关键要件。

马克思为我们提供了工人阶级形成的一个宏大分析框架，这个分析框架的起点是“自在阶级”，终点是“自为阶级”，联结中项是“阶级意识”。我们必须在马克思主义原典与资本主义社会历史变迁的双重逻辑中，既要追本溯源，搞清楚马克思恩格斯是如何论析工人阶级形成的；也要进行学理建构，对马克思恩格斯的相关论述进行体系化整合，从马克思工人阶级形成的宏观理论框架进入更加具体、生动的中观层面和微观视域，以展现马克思主义工人阶级形成理论的丰富思想内涵。

二、工人在哪里

沿着“自在阶级—自为阶级”的宏观思路，我们要进一步

① 美国学者凯斯·E. 福格森认为，工人阶级意识包含自身社会问题解决和社会历史进程的整体把握，“要使自身成为知识的主体和客体”。（凯斯·E. 福格森：《阶级意识与马克思主义辩证法：一个艰难的综合》，刘建洲译，《上海行政学院学报》2008年第4期，第92—101页。）

② 有论者提出，马克思通过他的理论工作唤醒工人的阶级意识，使他们从“自在阶级”的阶级意识跃升到“自觉阶级”的阶级意识。（张志丹：《阶级意识：马克思意识形态概念的精神实质》，《社会科学》2015年第11期，第45—54页。）

厘清的问题是：作为一种在社会结构中客观存在的工人阶级，其社会来源是什么，哪些因素以及何种机制导致一部分社会成员在社会结构中的位置发生变化[①]，进入工业生产体制中，从而拥有了职业工人的身份角色。

（一）工业革命与人口无产化

职业工人[②]的前身是无产者，在资本主义体制下，无产者特指那些不占有任何生产资料，并且除了出卖自己的劳动力以外没有任何谋生渠道的社会群体，这是现存社会制度解体的结果，是“人的完全丧失”[③]的集中表现。在工业革命、暴力驱赶、市场竞争、代际继承等多重因素共同作用下，越来越多的社会成员被排挤到无产者行列。那么，是何种社会因素，抑或是哪种外部性力量造成大规模职业工人这一特殊社会角色的出现，从而引发“多米诺骨牌式”的一连串社会变革呢？马克思在《政治经济学批判》序言中给出了研究这一问题的方法论：“我们判断这样一个变革时代也不能以它的意识为根据，相反，这个意识必须从物质生活的矛盾中，从生产力和生产关系之间的现存冲突中去解释。”[④]即从微观具体的经济事实出

① 一部分社会成员在社会结构中发生位置变化，即“社会流动”，集中表现为社会成员在不同经济层级之间的纵向流动或同一阶级内部的横向流动。

② 本文的“职业工人”是指与资本主义现代机器体系相适应的工人群体，不包括资本主义手工工场时期的“工匠工人”。

③ 《马克思恩格斯文集》（第1卷），北京：人民出版社2009年版，第17页。

④ 《马克思恩格斯选集》（第2卷），北京：人民出版社2012年版，第3页。

发，从生产力与生产关系的矛盾运动出发，“社会的物质生产力发展到一定阶段，便同他们一直在其中运动的现存生产关系和财产关系（这只是生产关系的法律用语）发生矛盾”[①]。

肇始于18世纪下半叶的英国工业革命，是引发生产力与生产关系新一轮矛盾运动的直接原因，其直接后果就是造成了生产资料与劳动者相分离，劳动者沦为只有靠出卖自己的劳动力否则就难以维持生计的职业工人，英国工人阶级的历史是“随着蒸汽机和棉花加工机的发明而开始的”[②]。工业革命是一场以科技创新、发明创造为引线，进而引发资本主义生产方式和组织形式发生深刻变革的社会革命，是科学与实践相结合的结果。工业革命一方面形塑了现代意义上的工厂制度；另一方面促使劳动与生产资料相分离，一部分人丧失生产资料而沦为无产者，另一部分人则通过不断占有他人的生产资料而成为资本家。正如豪格指出：“工业革命成了这一进程的催化剂：一方面，它导致了‘工人阶级新的形成元素’；另一方面，它彻底改变了工人阶级的特点。”[③]如此一来，资本主义社会结构就朝向“金字塔”形态发展，位于金字塔底座的是丧失生产资料的无产者，处在金字塔顶端的则是占有大量生产资料的少数资本家。

---

① 《马克思恩格斯选集》（第2卷），北京：人民出版社2012年版，第2—3页。

② 《马克思恩格斯文集》（第1卷），北京：人民出版社2009年版，第388页。

③ 〔德〕沃尔夫冈·弗里茨·豪格：《马克思主义历史考证大辞典》（第1卷），俞可平等译，北京：商务印书馆2018年版，第394页。

工业革命加速了人口的无产化进程。所谓“人口无产化”，是在资本推动下（既包括经济市场手段，也包括政治—暴力手段），生产资料逐渐从劳动者手中剥离出来，并逐渐聚集在资本家手中，导致劳动者与生产资料相分离。由于不占有生产资料，劳动者必须靠出卖自己的劳动力以维持生计，同时也必须依附于资本家所占有的生产资料而进行劳动，沦为了“机器的单纯的附属品”[①]，没有生产资料并且从事雇佣劳动是无产者的本质特征[②]。在工业革命席卷下，无产者的规模迅疾扩张，概念边界逐步扩大，构成成分也日益复杂。

从无产者的社会来源与形成过程看，一部分是由历史上沿袭下来的无产者群体直接进入工业社会的，他们一般是来自历史上自然形成并长期存续的贫民阶层、农奴阶层以及流浪汉、乞讨者等。黑格尔将这类无产者称作“贱民”。“贱民”是市民社会的偶然性后果，他们不仅在经济上陷于极端贫困，在其身上更聚集着对现存社会体制和财富分配不满的强烈愤慨，“贱民”是负面情绪的人格化，“贱民只是取决于跟贫困相联系的情绪”[③]。另一部分则是由工业革命和资本力量排挤出来的无产者群体。这些无产者在工业革命之前大多是拥有一小块

① 《马克思恩格斯文集》（第2卷），北京：人民出版社2009年版，第38页。

② 陈培永：《什么是人民、阶级及其他：以马克思的名义》，南京：江苏人民出版社2018年版，第149页。

③ 〔德〕黑格尔：《法哲学原理》，邓安庆译，北京：人民出版社2016年版，第374页。

土地的小农阶层，生活普遍较好，占有少量的生产资料。但圈地运动和工业革命改变了这些小农的命运，“小租佃土地消失了，良田被改作草场，而一开始拥有完全所有权，后来获得一种佃权的耕作良田的家庭，最终沦为短工”①，严重者则濒于破产。这类无产者是工业革命的直接产物，包括兼营农业的纺织工人、小自耕农、手工业者等。

（二）工厂制度与无产者职业化

在工业革命旋风的席卷下，资本主义国家的无产者规模虽然有增无减，但这并不意味着所有的无产者都是职业工人。只有那些完全进入工厂制度中，并且在生产流程环节上占据一定的位置，以出卖劳动力换取工资性收入的无产者，才能称为职业工人。职业工人是资本控制劳动的结果，它是资本主义社会阶级关系的外部表现，正如理查德·斯凯思所说：“社会生产关系由控制关系构成，控制关系决定了各种工作的任务、职责和责任。因此，工作和职业是阶级关系的结果。”②若要成为职业工人必须经历两个环节，一是劳动者无产化，二是无产者职业化。那么，无产者是如何进入工厂制度中，从而获得职业工人这一就业机会的呢？

---

① 〔德〕弗里德里希·威廉·舒尔茨：《生产运动：从历史统计学方面论国家和社会的一种新科学的基础的建立》，李乾坤译，南京：南京大学出版社2019年版，第30页。

② 〔英〕理查德·斯凯思：《阶级》，雷玉琼译，长春：吉林人民出版社2005年版，第28页。

无产者进入工厂制度的发生机理与工业革命背景下无产者的形成机理是高度一致的，劳动者无产化与无产者职业化几乎是并行发生的，是工业革命所造成的无产者群体在“生产资料所有权”与“职业机会选择权”两个不同维度上的具体表现，属于一个硬币的两面。所以，在马克思恩格斯的许多论述中，无产者（无产阶级）与职业工人（工人阶级）在概念意涵上可以等量齐观。马克思说：“‘无产者’在经济学上只能理解为生产和增殖‘资本’的雇佣工人”[①]，恩格斯也指出：“我也总是把工人（working men）和无产者，把工人阶级、没有财产的阶级和无产阶级当作同义语来使用。”[②]《共产党宣言》也指出：“资产阶级不仅锻造了置自身于死地的武器；它还产生了将要运用这种武器的人——现代的工人，即无产者。”[③]

尽管这两个概念（无产者与职业工人）如此趋近，但在马克思恩格斯的文献体系和话语系统中，两者的产生逻辑、内涵边界、对立范畴、阶级命运等是存有差异的[④]。本书策略性地拉开“无产者”与“职业工人”之间的概念距离，一方面，是为了更好地展现“无产者”向“职业工人”转化与过渡的内在机制；另一方面，是为了在“无产者”向“职业工人”转化

---

① 《资本论》（第1卷），北京：人民出版社2004年版，第709页。

② 《马克思恩格斯文集》（第1卷），北京：人民出版社2009年版，第387页。

③ 《马克思恩格斯文集》（第2卷），北京：人民出版社2009年版，第38页。

④ 马明冲：《马克思恩格斯“无产阶级”和“工人阶级”概念的考辨》，《学术论坛》2016年第8期，第13—17页。

的经济事实中进一步勘定两者之间的概念边界。这就进一步涉及，作为无产者借以转换为职业工人的重要机制，工厂制度在此过程中发挥了何种作用。

关于工厂制度，马克思在《资本论》第一稿即《政治经济学批判（1857—1858年手稿）》中援引了优尔在《工厂哲学》中的一段话："工厂的标志是各种工人即成年工人和未成年工人的协作，这些工人熟练地勤勉地看管着由一个中心动力不断推动的、进行生产的机器体系，一切工厂，只要它的机械不形成连续不断的体系，或不受同一个发动机推动，都不包括在这一概念之中。"[①]工厂制度就是"发达的、同资本主义基础上的机器体系相适应的劳动组织"[②]，具有下列特征：一是协作性，工人之间发生协作关系是由机器体系的系统性和自动化生产的联动性所决定的，产品生产表现为前后相继、从局部到整体的递进关系；二是结构性，工厂制度由机器体系、动力体系和工人体系三部分构成，工人劳动被整合进机器自动化生产的若干环节之中，"它以单个的有生命的形式分布在机械体系的许多点上，被包括在机器体系本身的总过程中，劳动自身仅仅是这个体系的一个环节"[③]；三是控制性，既包括资本对工人的控制，合理安排成年工人与未成年工人的规模比例，进行精细化管理和加强日常化监督，科学设定工作时间和工作量等，

① 《马克思恩格斯文集》（第8卷），北京：人民出版社2009年版，第182页。
② 《马克思恩格斯文集》（第8卷），北京：人民出版社2009年版，第313页。
③ 《马克思恩格斯文集》（第8卷），北京：人民出版社2009年版，第185页。

也包括工人对机器的控制，如对机器体系进行看管、维护、保养，原材料供给等。

当一无所有的无产者进入机器化生产的物理空间中[①]，就会立即受到工厂制度的制约、形构、规训和再造，他们在一线生产实践中积累专业性技术知识、掌握规范性操作技能、形成强制性纪律意识、取得正式性职业身份，工人在机器体系生产和资本增殖运动的双重作用下被源源不断地塑造出来。

第一，工厂制度控制生产过程。现代机器体系是由发动机（提供动力来源）、传动机（实现空间位移）、工具机（取代工具操作）三部分构成的有机整体，不同的机械设备在整个机器体系运转中发挥特定的功能，任何一个部分出现问题都会导致整个机器体系的停摆甚至瘫痪。因此，机器体系的完整性和运转的有序性是工厂制度的生命线。作为机器体系各环节上（即生产线）的直接操作者，工人的劳动过程与操作工序都要受到机器体系的严格规定，“劳动过程的协作性质，现在成了

① 从马克思的论述中可知，无产者转化为职业工人并不是自然实现的，“单是在一极有劳动条件作为资本出现，在另一极有除了劳动力以外没有东西可以出卖的人，还是不够的。这还不足以迫使他们自愿地出卖自己”。［《资本论》（第1卷），北京：人民出版社2004年版，第846页。］还必须有资本主义政治、经济和意识形态的强大外力介入，由此形成无产者进入工厂制度的四种基本类型：（1）空间转换，从家庭作坊、手工作坊直接进入工厂空间，工匠变为工人；（2）竞争淘汰，中小资本家、小作坊主在同大资本竞争中败下阵来，导致破产，从而被排挤到职业工人队伍中，资产者变为工人；（3）政治驱赶，动用国家力量和政治权威将失地农民驱赶到工厂空间，农民变为工人；（4）代际传承，职业工人的下一代也注定是职业工人。

由劳动资料本身的性质所决定的技术上的必要了”[1]。这样一来，手工业时期的自由劳动组合不复存在，生产流程必须服从于技术安排，“工人要服从机器的连续的、划一的运动”[2]，进而造成劳动者被紧紧地固定在机器体系的各个具体环节与每一个支点上，成为一种片面的操作工人，使工人丧失了“身体上和精神上的一切自由活动”[3]。

第二，工厂制度改变了劳动组合方式。自动工厂打破了工场手工业的等级制度，以往工匠之间在专业知识与劳动技能上的差异被工厂制度“抹平”了，取而代之的则是年龄、性别的自然差别。为了达到“人尽其才，物尽其用”的劳动力最优配置，资本家会根据工人的人力资本构成（性别、年龄、工龄、技能等）状况将工人安排到适合的机器上去。通过切割工人之间的组织联系，在交叉式社会网络中“把大群并不形成有组织的小组的工人分配到工厂的各个部门”[4]，这就形成了职业工人群体内部的技术性分工，产生了具体的“工种”，比如操作工人、下手（帮工），以及具有科学知识和专门手艺的高级工人。随着工厂制度的发展，职业工人的技术性分工进一步导致工人整体分化为“劳工”和“监工”两大部分，劳工要在监工的监督下进行生产，这就类似于军事组织的劳动组合形式，

① 《资本论》（第1卷），北京：人民出版社2004年版，第443页。
② 《资本论》（第1卷），北京：人民出版社2004年版，第473页。
③ 《资本论》（第1卷），北京：人民出版社2004年版，第487页。
④ 《资本论》（第1卷），北京：人民出版社2004年版，第483页。

“工人在技术上服从劳动资料的划一运动以及由各种年龄的男女个体组成的劳动体的特殊构成”①。这种交叉式劳动组合设计的优点在于，它能够最大限度地控制工人阶级意识的形成媒介，在工人中间制造差序格局和激励机制，确保生产线的高速、高效运转。

第三，工厂制度调控劳动节奏。劳动节奏就是劳动强度与劳动时间的比例。从资本的角度看，若要实现生产成本的最低化和资本增殖的最大化，就必须使机器体系24小时不间断运转。机器体系每“停摆—重启”一次，资本就要遭受一次折损和贬值。尽管在资本家眼中，工人是机器体系的一个“零部件”，但工人毕竟不同于自动化机器，工人是具有生理规定和社会规定的生命体，工人的劳动能力、劳动强度、劳动时间都是有界限的，“除了这种纯粹的身体界限之外，工作日的延长还碰到道德界限”②。因此，工人劳动节奏的约束性与机器体系运动的无限性之间的紧张关系在所难免，并且自动化机器的持续改进也在不断挑战工人劳动能力的极限。

为解决这一矛盾，在工人劳动极限范围内确保机器体系的持续运转，工厂制度必须对工人的劳动节奏进行合理化调控。主要方法有：一是调控工人的劳动时间，“工人劳动的时间就是资本家消费他所购买的劳动力的时间”③，因此作为资本家

① 《资本论》（第1卷），北京：人民出版社2004年版，第488页。
② 《资本论》（第1卷），北京：人民出版社2004年版，第269页。
③ 《资本论》（第1卷），北京：人民出版社2004年版，第269—270页。

的权力，他总是尽量延长工人的劳动时间，“用自己的不变部分即生产资料吮吸尽可能多的剩余劳动”[①]。但工人的劳动时间不可能无止境地延长，否则就将对工人的健康状况和劳动能力造成损害，因此它必须在工人的身体界限和劳动的社会界限之内变动。为此，资本家通过日工制度、夜工制度和换班制度等形式，使工人的身体机能与机器体系生产能力相适应。二是调控劳动强度。随着机器体系改进以及工作日法定原则的确立（如《十小时劳动法案》的出台），仅通过延长劳动时间来增加剩余价值的办法难以为继了。在不延长劳动时间的前提下，资本家还可以通过提高劳动强度的方式来增加剩余价值，马克思称其为“浓缩劳动时间”，“由于采用机器，不仅劳动生产率（从而劳动质量）提高了，而且在一定时间内消耗的劳动量也增加了。时间的间隙由于所谓劳动紧凑而缩小了”[②]。提高劳动强度必然增加工人在劳动过程中精神和肌肉的紧张程度，资本家通过生产过程监督、产品质量测量、必要的健康与环境治理等方式使紧张性劳动长期保持在较高水平。

由此可见，工厂制度是无产者成为职业工人的关键机制。工厂制度通过对生产过程的严格控制，使无产者掌握同机器能力相适应的专业化技能，从而成为支撑机器体系运转的操作工人。工厂制度通过对劳动关系的优化组合，使无产者意识到自

① 《资本论》（第1卷），北京：人民出版社2004年版，第269页。

② 《马克思恩格斯文集》（第8卷），北京：人民出版社2009年版，第294页。

己已经进入资本主义生产体系中，与庞大的机器体系融为一体，并不断丧失个性与自由，成为“总体工人”的一部分，从而获得职业工人的角色意识。工厂制度通过对劳动节奏的灵活调控，以延长工时和提高强度的方式对无产者进行身体规训，从肉体和精神两个维度[①]改造无产者的社会身份，赋予其职业身份的内涵。在此意义上，工厂制度不仅生产出了琳琅满目的劳动产品，而且生产和再生产出了职业工人自身。

三、阶级意识的淬炼

工厂制度就像一个转换装置，无产者从一端“进入”，职业工人从另一端“走出”。在工厂制度作用下，越来越多的无产者摇身一变成为职业工人。但此时的“工人”仅仅是一种职业身份的概念，作为资本主义社会分工的一个具体环节而存在，即靠出卖劳动力来换取工资性收入的职业化劳动者。工人阶级从自发阶级到自为阶级的转变，工厂制度只是一个外在性条件，关键在于工人阶级还必须要获得无产阶级的阶级意识。

（一）从自发阶级到自为阶级

那么，作为自发阶级的职业工人是如何发展成为作为自为阶级的工人阶级的呢？在既有的研究中，人们普遍援引马克思

① 满永：《身体、政治与生活——1950年代初的工厂劳动生活研究》，《江苏社会科学》2011年第6期，第201—208页。

在《哲学的贫困》中的一段话作为解释："经济条件首先把大批的居民变成劳动者。资本的统治为这批人创造了同等的地位和共同的利害关系。所以，这批人对资本说来已经成为一个阶级，但还不是自为的阶级。在斗争（我们仅仅谈到它的某些阶段）中，这批人联合起来，形成一个自为的阶级。他们所维护的利益变成阶级的利益。而阶级同阶级的斗争就是政治斗争。"[①]这段论述提出了两个十分重要的概念，"自在阶级"（to itself）和"自为阶级"（for itself）。

其中，"自在阶级"就是具有"相同地位和共同利害关系"的一批人，他们在资本主义社会结构中处于资产阶级的对立面；对资产阶级而言，他们的存在是客观的、自在的、不以人的意志为转移的，位于资本主义雇佣劳动制度之内；只要存在资本主义的生产关系和交换关系，"自在阶级"就一定存在。"自为阶级"首先是一种客观存在的阶级力量，却比"自在阶级"更进一步。自为阶级具有历史主体性，一方面，能够充分体认到自身的阶级利益，这个阶级利益不是个体利益或局部利益，而是本阶级的共同利益和整体利益，同时与资产阶级的利益又具有明显的界限；另一方面，为维护本阶级利益，这批人就必须以集体行动的方式同资产阶级进行经济斗争或政治斗争，否则本阶级的共同利益和整体利益就难以维系和保障。可见，"自在阶级"与"自为阶级"存在着"利益认知"的差

① 《马克思恩格斯文集》（第1卷），北京：人民出版社2009年版，第654页。

别。正由于这一差异性的存在，致使“自在阶级”和“自为阶级”在资本主义雇佣劳动体制中表现出截然不同的行动逻辑：前者表现为对雇佣劳动体制的无知抑或是安于现状的无奈，后者则外化为对现存政治—经济体制的强烈不满和激进主义的行动策略。

阶级的概念“在马克思主义中起着决定性作用，然而它在马克思的任何著作中都没有成为系统论述的对象”①，这一点也集中体现在对“阶级意识”问题的讨论上。阶级意识是一种关于对社会本质认知的整体性概念，是资本主义内在矛盾在工人阶级主观视域中的再现及概念化。卢卡奇把工人阶级意识的形成归因于工人在“生产过程中特殊的典型的地位”，它不是对工人生活状况的简单描述和解释，“阶级意识因此既不是组成阶级的单个个人所思、所感觉的东西的总和，也不是它们的平均值”②，无产阶级的阶级意识“作为人类历史上最后的阶级意识，一方面，必须要和解释社会本质联系起来，另一方面，必须实现理论和实践的越来越内在的统一”③。

阶级意识关乎工人运动成败。列宁深刻分析了俄国工人罢工的自发性问题，“这些罢工标志着工人已经感觉到他们同

① ［法］雷蒙·阿隆：《阶级斗争——工业社会新讲》，周以光译，北京：译林出版社2003年版，第14页。

② ［匈］卢卡奇：《历史与阶级意识》，杜章智等译，北京：商务印书馆1999年版，第109页。

③ ［匈］卢卡奇：《历史与阶级意识》，杜章智等译，北京：商务印书馆1999年版，第134页。

工厂主的对抗，但是工人还没有意识到而且也不可能意识到他们的利益同整个现代的政治制度和社会制度不可调和的对立”[①]，因此工人罢工只是“纯粹的自发的运动”和“自觉的萌芽状态”[②]。列宁勘定了“自发性”工人罢工与“自觉性”阶级斗争的边界：就前者而言，工人只是意识到自身具体利益同资本家特殊利益的对立，但这种意识只限定于工厂制度内部的劳资关系矛盾上，还是一种感性的、朴素的认识；就后者来说，工人能够从工厂制度以外更为宏观、更加抽象的社会政治—经济制度结构来理解劳资关系矛盾，能够把握到个体的、局部的劳资关系矛盾背后蕴含的社会制度规定性。自发性的后果就是将工人运动引向工联主义的道路，埋葬于资产阶级的理论和价值体系中，即“纯粹工会的运动”[③]。

从马克思到列宁，无不向外界传递着一个明确的信号：工人阶级的阶级意识是一种集体自觉和政治理性。在内容结构上，它是以对资本主义制度下劳资关系矛盾的本质认知和整体把握为理论旨趣的；在实践维度上，它是引导工人阶级从自发运动向自觉运动、从经济斗争拓展至政治斗争的思想武器；在标识意义上，它是区别自在阶级与自为阶级、职业工人与政治工人的识别符号，是工人阶级划定阶级阵营、确定斗争对象的基本前提，“社会阶级只有当它具有自我意识时才真正存

① 《列宁专题文集》（论无产阶级政党），北京：人民出版社2009年版，第76页。

② 《列宁专题文集》（论无产阶级政党），北京：人民出版社2009年版，第75页。

③ 《列宁专题文集》（论无产阶级政党），北京：人民出版社2009年版，第85页。

在”，“一个阶级只有当它发现它要对其他阶级进行斗争的时候，才具有自我意识”[①]。这样一来，阶级意识就进入社会结构的建构逻辑中，一方面要受到社会结构约束性条件的限制；另一方面则建构起社会结构中“工人阶级”的政治维度，成为工人阶级从自在的社会阶级向自为的政治阶级转换的“中介”环节。英国社会学家罗丝玛丽·克朗普顿将其提炼为阶级分析的“结构—意识—行动”的SCA模型[②]，即经济结构决定阶级结构，阶级结构激活阶级意识，阶级意识引发阶级行动。

（二）两种利益关系结构

工人阶级的阶级意识何以形成？卢卡奇的一段论述颇具启发性。他认为：“将意识与社会整体联系起来，就能认识人们在特定生活状况中，可能具有的那些思想、感情等等；如果对这种状况以及从中产生的各种利益能够联系到他们对直接行动以及整个社会结构的影响予以完全把握，就能认识与客观状况相符的思想和感情等等。”[③]也就是说，阶级意识内嵌于社会结构之中，只有在社会结构中才能把握阶级意识的意涵指向及其背后所隐藏的利益关系。因此，研究工人个体意识向阶级意

---

① 〔法〕雷蒙·阿隆：《阶级斗争——工业社会新讲》，周以光译，北京：译林出版社2003年版，第17页。

② 张敦福，吴玉彬：《工人阶级意识研究：传统的路径及消费视角的新综合》，《人文杂志》2012年第2期，第159—166页。

③ 〔匈〕卢卡奇：《历史与阶级意识》，杜章智等译，北京：商务印书馆1999年版，第109页。

识转化的可行路径，就是要在社会整体性联系中把握工人阶级所能“辐射”到的各类社会主体及其利益关系，并且在错综复杂的利益关系中把握工人阶级意识的形成逻辑。

具体到工人个体而言，“社会整体”概念的现实性存在就是工厂制度。工厂制度是分析劳动与资本、工人与资本家关系的典型场景，是资本主义发展逻辑和内在固有矛盾得以显现的微型景观。在工厂制度下，工人阶级的社会关系具有显著的结构性特征，从而决定了其利益关系的双重结构性特点——交互式利益结构和竞争性利益结构。

从工人与资本的关系维度看，两者构成交互式利益结构。所谓“利益结构”，就是指在工人与资本的关系结构中，受到雇佣劳动体制制约的工人与资本都具有追求己方利益的面向。就工人一方来说，作为一种在劳动力市场中可以自由交易的特殊商品，由于“没有任何实现自己的劳动力所必须的东西”①，所以工人必须首先把自己“卖”出去，在此之前，“他只不过在可能性上是工人”②。工人出卖自己的劳动力，换取工资性收入来购买消费品③，以维持自己的基本生存、发

① 《资本论》（第1卷），北京：人民出版社2004年版，第197页。

② 《资本论》（第1卷），北京：人民出版社2004年版，第207页。

③ 莱博维奇提出工人购买消费品的三个层次：①生理需要，即维持劳动力生存所必需的；②必需品，由人民的生活习惯和习俗形成的必需品；③社会需要，由工人作为全面发展的社会的人所决定的。（〔加〕迈克尔·A. 莱博维奇：《超越〈资本论〉——马克思的工人阶级政治经济学》，崔秀红译，北京：经济学科出版社2007年版，第54—55页。）

展和家庭人口的再生产。但是，由于资本通过不断占有剩余价值而进行自我增殖的本质属性，工人对工资最大化的要求决不能对资本自我增殖的限度构成挑战。也就是说，工人追求己方利益是受到资本逻辑的严格限制的，这个限度的下限是工人为了维系和更新其生命过程所需要的生活资料的价值，上限是“不仅使资本主义制度的基础不受侵犯，而且还保证资本主义制度的扩大的再生产”①。就资本一方来说，资本通过无偿占有工人剩余劳动来实现自我增殖，“资本只有一种生活本能，这就是增殖自身，创造剩余价值，用自己的不变部分即生产资料吮吸尽可能多的剩余劳动。资本是死劳动，它像吸血鬼一样，只有吸吮活劳动才有生命，吸吮的活劳动越多，它的生命就越旺盛”②。资本的自我增殖是一个绝对运动的过程。一个不断突破极限、超越自我的过程，资本主义生产从实质意义上来讲就是剩余价值的生产，追求剩余价值最大化是资本主义生产的根本目的。

所谓“交互式”，就是指工人一方或资本一方利益的实现，必须以另一方利益的实现为前提条件，对方利益如果得不到满足，己方利益也难以获得保障，两者互为前提且相互制约。“每一个人为另一个人服务，目的是为自己服务；每一个人都把另一个人当作自己的手段互相利用……也就是说，每个

① 《资本论》（第1卷），北京：人民出版社2004年版，第716页。
② 《资本论》（第1卷），北京：人民出版社2004年版，第269页。

人只有把自己当作自为的存在才把自己变为他人的存在，而他人只有把自己当作自为的存在才把自己变为前一个人的存在——这种相互关联是一个必然的事实。”[①]黑格尔在《法哲学原理》中表达了同样的观点，他通过对市民社会中人的“中介性”问题的分析，认为具有特殊目的的具体的人是市民社会的基本构成要素，“特殊的个人本质上是同其他这样的特殊性相联系的，所以每个特殊的人都是通过他人的中介，同时也只有无条件地通过普遍性形式的中介，才使自身有效并得到满足”[②]。人是社会关系的存在物，人的社会实践是有意识、有目的的对象性活动，交互式利益结构是人的社会实践活动的普遍性特征。

在交互式利益结构中，工人与资本家构成黑格尔所说的“主奴辩证”关系：工人依附于资本而生存，资本依赖工人实现再生产，两者构成双向制约，“工人的生活取决于需求，而需求取决于富人和资本家的兴致”[③]，“资本家阶级不断地以货币形式发给工人阶级票据，让工人阶级用来领取由它生产而为资本家阶级所占有的产品中的一部分”[④]。但这种相互依赖、相互制约关系在现实社会生活中的表现则是非均衡性的。

---

① 《马克思恩格斯全集》（第30卷），北京：人民出版社1995年版，第198页。

② 〔德〕黑格尔：《法哲学原理》，邓安庆译，北京：人民出版社2016年版，第329页。

③ 《马克思恩格斯文集》（第1卷），北京：人民出版社2009年版，第116页。

④ 《资本论》（第1卷），北京：人民出版社2004年版，第655页。

资本的本质就是社会权力。资产阶级利用其占有的生产资料和大量资本，同资产阶级政治上层建筑和意识形态上层建筑发生勾连，借助政治统治力量，如劳动关系与社会结社立法、资产阶级意识形态社会化、武装力量和暴力机关支持等，对工人的劳动过程与抗争行动进行控制、限定和打压。资本与工人的劳资矛盾是对抗性矛盾，工人必须组织起来、集体抗争来维护工资、反对资本，“维护工资这一对付老板的共同利益，使他们在一个共同的思想（反抗、组织同盟）下联合起来”①，否则工人连最基本的生存权、发展权也将难以获得保障，工人阶级普遍贫困化的境遇只会日益深重。

除了由工人与资本构成的“交互式利益结构”外，在工厂制度中，工人之间在客观上也构成了“竞争性利益结构”。“雇佣劳动完全是建立在工人的自相竞争之上的。”②资本主义大工业生产加速了资本的流动和集中趋势，由于工人依附于资本而存在，资本的流动与集中也在客观上造成了工人生产空间的聚集，加速了工人内部竞争格局的定型。“竞争性利益结构”是由劳动时间延长、生产资料革命等引发的一系列连锁反应共同造成的结果，它使工人阶级的整体性发生裂变，致使一部分工人同另一部分工人形成对峙关系。一是延长劳动时间造成工人间的竞争。在市场上劳动力供给不变的前提下，如果一

---

① 《马克思恩格斯文集》（第1卷），北京：人民出版社2009年版，第653—654页。

② 《马克思恩格斯文集》（第2卷），北京：人民出版社2009年版，第43页。

个工人的工作量（即劳动供给）增加了，资本家就会降低劳动价格，反过来又促使资本家进一步延长劳动时间，工人的平均工资在竞争中持续走低，“这样就人为地造成了劳动供给过剩，而且，这种由于另外一些工人过度劳动而造成的失业工人的劳动供给，又总是会使工资（其中也包括在业工人的工资）降低”①。二是用较低级的劳动力排挤较高级的劳动力。随着机器体系的改进和扩张，“机器成了一种使用没有肌肉力或身体发育不成熟而四肢比较灵活的工人的手段”②，机器不需要更多的熟练工人便可以推动更多的劳动，由此造成了工人内部的相互排挤。在手工工场时期，熟练工匠是资本主义生产的主体；而在现代工厂制度下，“资本家越来越用不大熟练的工人排挤较熟练的工人，用未成熟的劳动力排挤成熟的劳动力”③。最后，由于机器排挤了熟练工人，导致在工厂制度以外形成了规模庞大的产业后备军（即失业工人）。这一方面造成位于工厂制度内的工人劳动强度持续增强，另一方面使位于工厂之外的产业后备军无事可做，产业后备军反过来又对就业工人造成巨大的外部压力，工人阶级的分裂与对峙成全了资本的自我增殖，“人的劳动的这种减少表现为资本主义的投机活动，增加剩余价值的手段”④。

---

① 《马克思恩格斯文集》（第8卷），北京：人民出版社2009年版，第322页。

② 《资本论》（第1卷），北京：人民出版社2004年版，第453页。

③ 《资本论》（第1卷），北京：人民出版社2004年版，第732页。

④ 《马克思恩格斯文集》（第8卷），北京：人民出版社2009年版，第348页。

（三）团结的张力

工人之间的分裂与竞争一方面造成了工人的普遍贫困，另一方面又有力地维护了资本的专制统治，增强了资本剥削工人的实际能力。那么，应当如何避免工人因竞争而导致的分裂呢？恩格斯认为，工人必须联合起来共同面对资本专制和分裂工人的图谋，基本方式就是包括组建工会、社团在内的工人组织化集体行动。

工人在资本主义工厂制度中的社会关系表现为双重结构特征：一是资本与工人之间的剥削关系，二是工人内部之间的竞争关系，这两种结构关系的社会性质是截然不同的。资本与工人之间的剥削关系是一种对抗性矛盾，资本只有无偿占有工人的剩余劳动才能实现自我增殖，否则资本的生产和再生产将难以为继，最大限度地占有劳动是资本的固有本性。随着生产力的进一步发展，机器体系和生产规模逐渐扩大，资本家必须依靠增加雇佣工人的数量才能提高剩余价值，失业工人之间将发生新一轮的竞争，一部分人将重新被吸纳到工厂制度中，而另一部分人将继续游离于工厂制度外围。处在资本主义工厂制度之下的工人，恰好位于工人与资本家的“交互式利益结构关系”与工人内部之间的“竞争性利益结构关系”的交汇点上。我们把工厂制度下工人位于两种社会关系结构的交汇点的这样一种特殊结构形式，称作工厂制度的双重结构。

具体到资本主义的生产过程，在工厂制度的双重结构中，面对资本在生产过程和工厂外部的专制统治，个体工人仅凭一己之力是难以与强大的资本力量相抗衡的。工人的个别行动和局部抗争只会促使资本加剧对工人的专制和控制，资本统治工人的工具选择、方式手段、制度形态等革新和完善，资本主义国家机器体系和政治统治力量借此走向强大[①]，资本剥削工人的表现形式也更显示出其虚假性、隐蔽性、欺骗性和权变性的一面。因此，个别工人若想摆脱资本主导的剥削关系和工人内部的竞争关系，就必须尽量避免个别的、自发的行动[②]，最优的方案则是在实践中采取协调一致、整体划一的集体行动。“联合起来”是工人对抗资本剥削、减少工人内部竞争、实现劳动的彻底解放的重要机制，它同时也是一个极具政治意义和世界历史意义的概念，直接关联无产阶级解放的可能性和实现程度，“联合的行动，至少是各文明国家的联合的行动，是无产阶级获得解放的首要条件之一”[③]。

布洛维在《生产的政治》一书中，创设了“生产政体”这一影响广泛的理论范式。他认为生产空间与政治上层建筑具有相似性，生产政体是资本主义政治经济体制在劳动过程中的微

① 王代月：《马克思主义与自由主义在国家治理观上的实质分歧》，《马克思主义研究》2018年第6期，第132—142页。

② 恩格斯从“成本—收益”角度分析了个别的、自发的工人行动造成的结果，认为自发性行动并不能改变工人被资本剥削的处境，反而会使这种处境更加恶化，“只要工人达到了眼前的目的，社会权力就以全部力量袭击这些再度变得手无寸铁的犯罪者，随心所欲地惩罚他们，而机器还是被采用了”。［《马克思恩格斯文集》（第1卷），北京：人民出版社2009年版，第450页。］

③ 《马克思恩格斯文集》（第2卷），北京：人民出版社2009年版，第50页。

观再现，资本之所以能够对工人施加影响并进行有效控制，除了用机器体系、生产工艺和标准化对工人进行严格管控外，政治与意识形态的因素也不容忽视，产品的生产（经济维度）、社会关系的生产（政治维度）以及对两者体验的生产（意识形态维度），是统一于资本主义生产过程之中的。也就是说，工厂制度不仅生产出了旨在进行价值交换的商品、庞大的雇佣劳动者群体，更生产出了工人关于资本主义生产过程与工厂制度的主观认知。其实，对资本家来说，资本主义生产过程及其工厂制度的内在逻辑和事实真相是再清楚不过的了，他们只是用一些抽象的范畴、虚假的概念、正义的口号将其掩盖起来，“资本主义生产并不只是孤立的经济领域（生产产品的劳动过程），在其中也渗透着政治和意识形态因素（规范斗争的政治工具），从而确保资本家同时取得并掩盖剩余价值”[①]。

对工人来说，由于资产阶级及其国家机器对资产阶级意识形态进行“美化”“抽象化”“普世化”的技术处理，工人在短时间内难以有效辨别真伪，因此对资本主义生产过程和工厂体制的本质性认知需要经历一个较长的过程，而且不同产业部门的工人，其阶级意识的发育程度也参差不齐，“最清楚地意识到自己的利益的是工业工人，矿工们已经差一些，而农业工人几乎还完全没有意识到”[②]。这也意味着，在资本主义统治

① 闻翔，周潇：《西方劳动过程理论与中国经验：一个批判性的述评》，《中国社会科学》2007年第3期，第29—39页。

② 《马克思恩格斯文集》（第1卷），北京：人民出版社2009年版，第405页。

条件下，工人阶级意识的形成是一个集甄别、博弈、建构于一体的复杂过程，需要耗费一定的时间成本。

思想是行动的先导。一方面，资本家对资产阶级意识形态进行包装和美化；另一方面，工人在反抗资本的斗争实践中很难在短期内形成对剥削关系、雇佣劳动制度等关键问题的科学认知，因此工人早期的抗争行动往往在空间上是局部的、在时间上是短期的、在形式上是自发的、在效果上是有限的。恩格斯对此坦言："在伪善地掩饰着工人的努力地位的宗法关系下，工人势必在精神上死气沉沉，对自己的利益一无所知，成为十足的庸人。"[①]列宁对工人罢工、砸毁机器等自发行动进行了深刻的理论分析，认为工人的自发行动仍处在一种"自觉性的萌芽状态"，"工人已经不像历来那样相信压迫他们的那些制度是不可动摇的"，但同时"这种行为多半是绝望或报复的表现，还不能说是斗争"[②]。

四、从阶级意识到行动能力

马克思恩格斯认为，阶级与组织既有联系也有区别，工人阶级是在劳资关系对立状态下具有同等地位和共同利害关系的人所构成的利益共同体，"这批人对资本来说已经形成一个阶

① 《马克思恩格斯文集》（第1卷），北京：人民出版社2009年版，第436页。

② 《列宁专题文集》（论无产阶级政党），北京：人民出版社2009年版，第75—76页。

级”[①]，这批人在斗争中联合起来，通过组织化的集体行动上升到自为阶级。所谓“组织化”，就是社会成员从分散化的个体化存在走向集中化的联合形态的过程，它的外部表征是存在空间高度聚集、行动目标清晰明确、集体行动整齐划一、内部结构严整有序。

组织化是工人阶级上升为政治阶级，进而实现无产阶级专政的必经环节，正如列宁所说：“无产阶级在争取政权的斗争中，除了组织，没有别的武器”，工人阶级集体行动的力量是用“组织的物质统一来巩固的”[②]。那么，工人阶级集体行动何以组织化呢？换言之，工人阶级组织化的条件有哪些呢？我们认为，对工人阶级集体行动组织化具有直接影响的变量有四个：结构力量、政治机会、社会网络与阶级意识。

（一）结构力量

怀特（Wright）在《工人阶级力量、资产阶级利益与阶级妥协》一文中将“结构力量”定义为“经济系统中工人所处的位置所形成的力量”，由市场议价能力和工作场所议价能力两部分组成[③]。在市场议价能力方面，工人是以商品形式出现在

---

① 《马克思恩格斯文集》（第1卷），北京：人民出版社2009年版，第654页。

② 《列宁专题文集》（论无产阶级政党），北京：人民出版社2009年版，第158页。

③ Wright.E.O. *working-class power, capitalist-class interests, and class compromise*, American Journal of Sociology，2000，105（4）：1687—1717.

劳动力市场的，工人能否把自己的劳动力卖出去，完全取决于资本生产和再生产的需要，并且劳动力市场的价格行情深受外部经济形势的影响。劳动力价格对市场环境具有高度敏感性，资本主义周期性经济危机意味着失业与半失业是工人阶级的“常态”。工人干得越多，反而得到的越少，工资水平长期以来始终维持在确保工人生存的最低限度，即便工人的工资状况有所改善和提高，“实际上不过表明，雇佣工人为自己铸造的金锁链已经够长够重，容许把它略微放松一点”①。总之，工人的市场议价能力是难以与资本力量相抗衡的。在生产场所议价能力方面，科学技术的发展与机器体系的革新实现了对熟练工人掌握生产过程中关键技术的替代。非熟练工人排挤了熟练工人，女工、童工排挤了成年工人。与此同时，机器的革新与运用还加速了工人过剩，“机器不仅是一个强大的竞争者，随时可以使雇佣工人‘过剩’”②，机器体系导致工人陷入生存的绝境，直接刺激了工人阶级采取组织化的集体抗争行动，“随着机器的出现，才第一次发生工人对劳动资料的粗暴反抗”③。

工人阶级在市场议价能力和工作场所议价能力方面具有先天性的劣势和不足。在强大的资本力量面前，工人阶级被任意摆布，食品危机和经济波动进一步恶化了工人阶级的生存环

① 《资本论》（第1卷），北京：人民出版社2004年版，第714页。

② 《资本论》（第1卷），北京：人民出版社2004年版，第501页。

③ 《资本论》（第1卷），北京：人民出版社2004年版，第497页。

境，“在目前情况下，工人只有仇恨和反抗资产阶级，才能拯救自己的人的尊严”[①]。而采取组织化的集体抗争行动——组织工会和罢工——是被实践所证明了的反抗资产阶级、维护工人工资和权益、改善工人劳动条件和生活境况的有效方式，“这些工会及其组织的罢工的真正意义，在于它们是工人消灭竞争的第一次尝试”[②]。

（二）政治机会

政治机会主要是从政治环境要素，如国家法律、政府治理、公共政策、民主政治等方面来考察工人阶级集体行动组织化的可能性与实现方式问题。政治机会可能是封闭的，抑制和限定工人阶级集体行动的组织化趋向；政治机会也可能是开放的，为工人阶级集体行动组织化提供合法性制度空间。其中，1824年英国议会通过的《结社法》对工人阶级的组织化影响深远。在此之前，工人阶级自发形成的组织或团体是大量存在的，如工人救济会、工人通讯社、行业工会等，但政府当局是不允许工人组织或团体公开活动的[③]，结社权是资产阶级和贵

① 《马克思恩格斯文集》（第1卷），北京：人民出版社2009年版，第448页。

② 《马克思恩格斯文集》（第1卷），北京：人民出版社2009年版，第454页。

③ 统治阶级禁止劳工组建工人团体可以追溯到中世纪，“石工早于其支会中举行年会，而此种年会被1425年国会条例明文禁止。又乌司特瓦工曾于1467年奉该自治市命令不得设立会社”。历史经验表明，劳工自发结社“必被法律所消灭”。（参见〔英〕韦伯夫妇：《英国工会运动史》，陈建民译，北京：商务印书馆1959年版，第5—6页。）

族阶层的政治特权。资产阶级法律对工人的结社权利作出严格限制，“十九世纪最初20年中，政府法令竟视工会运动者为叛徒，多方迫害”[①]。因此工人组织或团体绝大多数处于秘密隐蔽状态，工人抗争的形式也比较分散，手段还留有一丝恐怖主义色彩。

1824年，英国议会通过了《结社法》，“它废除了以前禁止工人为保护自己的利益联合起来的一切法令。工人得到了过去只是贵族和资产阶级才有的自由结社的权利”[②]。《结社法》出台后，工人阶级获得了自由结社的权利，过去长期处于隐蔽状态的工人组织公开亮明身份，工人为增加工资、缩短工作时间或减轻劳动而组织起来的团体，如雨后春笋般纷纷成立[③]，“它们公开宣称要保护各个工人使其免遭资产阶级的暴政和歧视”[④]。除了《结社法》使工人阶级获得自由组织工会等工人团体的权利以外，资本主义国家民主政治的发展、议会制度的改革、普选权的实施、劳动关系领域立法进程的加快等，都为工人阶级组织化创造了较为宽松的政治条件，工人自主结社的政治机会在1824年以后明显增多了，工会甚至还 度

① 〔英〕韦伯夫妇：《英国工会运动史》，陈建民译，北京：商务印书馆1959年版，第45页。

② 《马克思恩格斯文集》（第1卷），北京：人民出版社2009年版，第450页。

③ 〔英〕韦伯夫妇：《英国工会运动史》，陈建民译，北京：商务印书馆1959年版，第76页。

④ 《马克思恩格斯文集》（第1卷），北京：人民出版社2009年版，第451页。

在资产阶级议会政治中占得优势[①]。

（三）社会网络

工人阶级的组织化，实际上是单个工人与单个工人之间发生联系，打破原子化、孤立化的割据状态，走向群体联合行动的过程。个人力量只有在“交往和相互联系”[②]中才能形成强大的社会力量。社会网络为我们理解工人阶级集体行动组织化的逻辑提供了一个中观视角，“从网络学派的角度去看，一个人为什么会这样或那样行为，其原因在于人们所处的独特社会关系网络以及他们在关系网络中的位置”[③]。工人阶级位于两种社会网络形态中，一是工厂网络，二是社区网络。在工厂网络中，工人阶级“在同一个建筑里共同劳动”[④]，并受到自动化机器体系的严格规训，逐渐培养形成了高度组织性和纪律性的阶级品质，“由资本主义生产过程本身的机制所训练、联合和组织起来的工人阶级的反抗也不断增长”[⑤]。而在社区网络中，工人的生活聚居区与富人是完全分离的，他们的居住条件、饮食状况、基础设施、卫生保健、国民教

① 刘成：《19世纪英国的社会民众运动分析》，《杭州师范大学学报（社会科学版）》2016年第4期，第104—110页。

② 《马克思恩格斯文集》（第1卷），北京：人民出版社2009年版，第580页。

③ 周雪光：《社会组织学十讲》，北京：社会科学文献出版社2003年版，第129页。

④ 《马克思恩格斯文集》（第1卷），北京：人民出版社2009年版，第406页。

⑤ 《资本论》（第1卷），北京：人民出版社2004年版，第874页。

育、道德品行等具有高度的相似性，工人们可以相互交谈，体会到工人劳动带来的巨大财富与工人普遍贫穷的强烈反差[①]，汤普森在《英国工人阶级的形成》中对此进行了详细的叙述。相似的遭遇、悲惨的命运使工人个体之间形成了高度的政治和情感互信，工人阶级的非正式网络在工厂制度之外被搭建起来，进而形塑了“英国工人在社团中和政治原则上所表现的社会性格”[②]。

值得一提的是，资本从降低成本的角度出发，往往将工人社区安置于工厂体系之旁，从而客观上造成了工厂网络与社区网络的空间聚合，形成一种“叠加效应”。这种“叠加效应”对于刺激工人阶级采取组织化集体行动的影响巨大：一方面，使发端于工厂体制内的工人组织化抗争蔓延至社区网络之中，引发社区工人的同情、支持，甚至参与；另一方面，处在工厂和社区两个不同空间的工人阶级，面对共同的生存遭遇和劳动记忆，孕育了组织化行动“合流”的苗头，壮大了工人阶级集体行动的力量，加速了工人阶级共同意识的形成。更为要紧的是，这种趋势、迹象会在临近地区的工厂和社区中得到复制和扩散，正如西尔弗所指出：“某一工厂或社区发生的抗议行动，会迅速蔓延到其他工厂或社区，这使得当代观察家们用‘传染病’这一流行病学的隐喻来描述工厂人抗议行动

① 〔美〕伊夫·R.西蒙，瓦肯·魁克：《劳动、社会与文化》，周国文译，北京：中国经济出版社2009年版，第65页。

② 《马克思恩格斯文集》（第1卷），北京：人民出版社2009年版，第438页。

的扩散。”[①]

除此之外，交通工具的技术性改进与交通网络的空间性拓展，也为工人阶级从农村向大城市聚集、从分散走向集中创造了有利条件。亚当·斯密曾说：“城市居民聚集在一个地方，因此比较容易联合起来。”[②]作为英国工业革命的产物，铁路被誉为“世界贸易和资产阶级民主文明发展的结果和最显著的标志”[③]。铁路的政治经济学意义在于它为资本在空间范围内的自由流动和外部扩散提供了必不可少的技术性支持，同时也为劳动力生产要素的空间集聚创造了必要条件，吉登斯用“时空融合”来定义铁路的这种聚合功能[④]。铁路在客观上加速了工人阶级社会网络的形成，孕育出一种变革性的社会力量，它使个体的情感宣泄扩大为阶级的共同意识，偶然的个别行动扩大为不可逆转的社会革命，地方性事变升级为世界性事件。交通网络把不同规模的城市联结起来，打破了城市与农村的空间阻隔，使城市规模快速成长，“工人团体、宪章运动和社会主义”[⑤]首先就是在大城市中产生的，“为了这种联合——如果

---

① 〔美〕贝弗里·J.西尔弗：《劳工的力量——1870年以来的工人运动与全球化》，张璐译，北京：社会科学文献出版社2016年版，第169页。

② 〔英〕亚当·斯密：《国富论》，唐日松译，北京：华夏出版社2006年版，第98页。

③ 《列宁专题文集》（论资本主义），北京：人民出版社2009年版，第101页。

④ 陈明明：《铁路与中国现代国家的重建运动——读〈近代中国的铁路与集权化国家的成长〉》，《同济大学学报（社会科学版）》2016年第6期，第104—109页。

⑤ 《马克思恩格斯文集》（第1卷），北京：人民出版社2009年版，第436页。

它不仅仅是地域性的联合——，大工业应当首先创造出必要的手段，即大工业城市和廉价而便宜的交通”①。另外，信息资源的传播和扩散，如报刊产业的发展、工人领袖的公开演讲和辩论、工人通讯社的建立等，进一步加速了工人阶级组织化的进程。

（四）阶级意识

阶级意识是工人阶级从自发阶级走向自为阶级的中介环节。如前文所述，工人阶级的阶级意识有两个主要来源，一是工人阶级在集体行动中直接获得并长期积累形成的政治经验，二是资产阶级先知先觉的知识分子对资本主义制度的批判以及先进思想理论在工人阶级中的传播和普及。前者是直观的感觉经验，后者是抽象的理论体系。随着工人运动的发展，“工人们开始感觉自己是一个整体，是一个阶级，他们已经意识到虽然他们分散时是软弱的，但联合在一起就是一种力量……他们意识到自己的受压迫的地位，他们开始在社会上和政治上发生影响和作用”②。工人在社会上和政治上发生影响和作用的基本方式，就是从过去那种隐蔽的、分散的个体抗争行动转为有目的、有计划的集体抗争行动，就是以“组织”的名义同资本家阶级进行斗争，“在阶级反对阶级的政治斗争中，组织是最

① 《马克思恩格斯文集》（第1卷），北京：人民出版社2009年版，第568页。

② 《马克思恩格斯文集》（第1卷），北京：人民出版社2009年版，第435—436页。

重要的武器”[①]。工人阶级组织或团体一旦形成，就会反过来进一步强化工人阶级的阶级意识。对工人进行阶级意识教育和理论宣传是工人组织的一项基本职能，具有长效性与稳定性[②]、广泛性与针对性的优势，工人组织“一分钟也不忽略教育工人尽可能明确地意识到资产阶级和无产阶级的敌对的对立”[③]。

总之，工人阶级与资产阶级在经济领域的结构性矛盾决定了工人阶级组织化的可能性与必然性；资产阶级政治和法律的相对松绑为工人组织的出场提供了制度空间；社会网络的搭建和拓展从微观层面巩固了工人与工人之间的组织联合基础；阶级利益的认知和阶级意识的觉醒，为工人阶级集体行动最终朝组织化方向发展提供了思想引领。此外，工人阶级受宗教传统影响而形成的自发性宗教团体以及互助组织，工人结社过程中的模仿机制等，也在工人阶级组织化过程中发挥了作用。

① 《马克思恩格斯论工会》，北京：工人出版社1980年版，第273页。

② 徐应雪，黄朝峰：《马克思恩格斯工人教育思想及其当代价值》，《毛泽东邓小平理论研究》2019年第3期，第76—81页。

③ 《马克思恩格斯文集》（第2卷），北京：人民出版社2009年版，第66页。

第三章

从四民社会到劳工神圣：劳模精神的话语发端

> 中国有产业工人数百万，有手工业工人和农业工人数千万。没有各种工业工人，中国就不能生活，因为他们是工业经济的生产者。没有近代工业工人阶级，革命就不能胜利，因为他们是中国革命的领导者，他们最富于革命性。
>
> ——毛泽东《新民主主义论》，1940年1月

劳模精神是近代以来劳工话语在中国出场、建构、发展的话语形式，是中国共产党对近代以来劳工话语进行政治改造的结果，即中国共产党赋予了劳工话语以共产主义劳动伦理的价值内核，由此劳模精神才真正进入中国共产党的精神谱系。劳模精神延续了近代以来中国劳工话语的基本内涵，体现了工人阶级集体理性与马克思主义政党党性的内在统一。展现劳工话语在近代中国的出场背景及其进程，是理解劳模精神时代内涵与政治意蕴的基础和前提。

一、四民社会

数千年的农耕文明传统塑造了“乡土中国”的政治—经济—社会形态，形成了以乡土叙事为核心的古典中国治国理

念。“乡土中国”的崩解是近代以来西方军事暴力和国际资本双重入侵的结果，中国在空间结构上表现为资本对乡土中国的改造，中国被卷入资本主义世界政治经济体制之中。中国被动卷入世界体系的直接后果之一是国家主权的丧失，而国家主权的丧失并不意味着民族主体性的沉沦，乡土中国仍以其强大的历史惯性维系着中华民族共同体的精神内核。这与西方现代化以工业吞并农业的模式截然不同，从而造成西方工业文明与中国农耕文明在同一时空条件下的共存。近代中国社会中心问题结构转换的复杂性均发端于此，劳工话语在这个复杂性历史转换进程中正式出场。

费孝通用“乡土中国”来定位中国社会的结构特征。“乡土中国”是对中国社会基层状况的描述，是中国民间社会真实状况的写照，是一种不同于“先发国家—后发国家”的解释逻辑和本土话语，锁定了中国社会的结构特征、文化传统与交往模式。“乡土中国”首先承认，中国是一个典型的以农业生产为主的国家，中华文明发端于黄河、长江流域，中华民族几千年来在中原大地上耕作繁衍、休养生息，农业是古代中国的支柱产业。农业生产离不开两个基础条件，一是劳动者，即农民；二是生产资料，即土地。历代王朝围绕农业生产的两个基础条件，建立了比较完备的制度体系。

家庭是农业生产的基层单位，农民在家庭中进行农业生产。这种以家庭为单位进行的农业生产活动在经济形态上被归列为自然经济的范畴。所谓“自然经济”，就是在自家拥有的土地上开展农业生产活动，农业产出主要用于家庭日常生活消费，而余出的部分则可以同村落中的其他家庭进行交换，或者拿到集市上出售。交换或出售的目的不是扩大农业再生产，而是调剂余缺，满足生活消费的需要。因此，自给自足的家庭农业生产充满着一系列不确定性，比如自然灾害的来袭、家庭人口的减少、土地肥力的下降等，都会对家庭农业生产造成严重冲击。为了确保粮食安全，增强家庭农业生产的连续性和稳定性，家庭成员内部会形成合作—分工关系。在农活较为繁忙的时节里，家庭中的男女老少会齐上阵，共同参与农业生产劳动；如果家庭成员实在忙不过来，便会及时向左邻右舍或家族中的其他成员发出求助信号，以解决劳动力不足的问题。社会存在决定社会意识。“乡土中国”的社会结构孕育了尊重劳动、崇尚劳动、热爱劳动的价值伦理，并经由统治阶级的确认，成为国家治理的政治原则，“保障‘制民之产’，落实土地‘均、正’，践行‘薄其税敛’，重视按‘劳’各得其分，尝试‘与民分货’，倡导‘取于民有制’”[①]。劳动伦理充实了中国古代治国思想和意识形态，并且与“乡土中国”差序格局相适应，从而使宗法等级制度在劳动生产领域得到充分贯彻，并且奠基了当代中国文化的基本形态。

土地制度是“乡土中国”拥有稳定性政治结构的关键，也是在国家权力尚未完全渗透到基层社会条件下，确保基层社会

① 刘伟雄，李连根：《中国古代劳动正义思想及其现代启示》,《中南林业科技大学学报（社会科学版）》2008年第2期，第89—92页。

保持良性运转的制度要素，“直接靠农业来谋生的人是黏着在土地上……这是乡土社会的特征之一”[①]。回顾历史，以土地问题为核心的社会矛盾似乎已经成为政权更迭乃至整个人类社会文明类型变革的重要原因。国家战争因土地扩张而起，人口无产化因土地丧失而成，“圈地运动”为资本主义的历史登场创造了条件，土地成为理解抗争政治的关键。古代中国似乎有机会复制欧洲资本主义的发展模式，资本主义早期萌芽也让中国曾经展现出如《清明上河图》般的繁华景象，但是土地最终也没有成为马克思意义上的“资本”。拉蒙·迈耶斯通过对中国古代市场结构和交易行为的历史分析发现，中国古代要素市场具有四种资源配置类型：一是基于习惯法的互惠性资源交换；二是保护与被保护关系，一般来说是向某人提供劳动以换取对方保护；三是由国家下达指令实现资源配置；四是通过契约制度实现资源配置，中文称之为“典”[②]。土地在古代中国是可以作为生产要素而自由流动的，但土地流转的目的不是扩大再生产，而是满足基本生存所需。加之国家实行土地代际分配制度，土地高度集中于少数人手中的情形并不显著。

以家庭为基本单位的农业生产共同体，以尊崇劳动为核心的国家意识形态，以“耕者有其田”为核心的自然经济体制和土地制度，这些要素共同构成“乡土中国”的经济—政治—社

① 费孝通：《乡土中国》，北京：北京出版社2005年版，第3页。

② 拉蒙·迈耶斯：《晚期中华帝国的习惯法、市场和资源交易》，载洪盛主编：《现代制度经济学》（上卷），北京：北京大学出版社2003年版，第329—332页。

会结构。农业生产是国家能力建设的战略基础，统治阶级为实现农业稳定增长而建立起包括土地制度在内的资源配置体系、农业工程建设体系、流通保障体系和应急管理体系，国家在确保农业生产的安全性、连续性、稳定性中发挥关键作用。正如马克思在分析亚洲古代政府早期职能形态时所说，在西方农业水利设施建设是通过私人联合而实现的，“但是在东方，由于文明程度太低，幅员太大，不能产生自愿的联合，因而需要中央集权的政府进行干预”①。农业生产是古代中国政府的核心职能，政府对维系农业生产基本秩序负有天然的责任。统治阶级对农业生产的极端重视，必然反映于国家产业部门布局和规模比重设定。农业是工业的基础，为工业提供原材料和能源支持；商业是工业价值实现的终端环节，是国家经济繁荣程度和人口自由化水平的直接体现。中国古代统治者实行“重农抑商”政策，其蕴含着工业发展低组织化、低科学化的历史隐喻。一方面，统治阶级把绝大多数国家资源投入农业生产；另一方面，历代政府对水路、陆路交通进行严格限制，造成商贸化、市场化能力受限，加之生产工具和生产技术停滞不前，致使工业发展水平相对较低，随着欧洲工业革命的开启，中国工业被远远地抛出世界工业文明史之外了。梁漱溟认为，在“重农抑商”结构下，“一方面没有经过产业革命，生产集中资本集中趋势不显著，一方面循着遗产诸子均分之习俗，资本纵有

---

① 《马克思恩格斯文集》（第2卷），北京：人民出版社2009年版，第679页。

积蓄，旋即分散；所以总不外是些小工小商”[①]。资本逻辑引发的集中运动在“乡土中国”中因不具备社会历史条件而未曾大规模发生，中国资本主义发展只能在统治阶级的强制管控下处于“早期萌芽”状态，因此梁漱溟认为古代中国并不存在真正意义上的阶级对立。

梁漱溟的判断同马克思的认识基本是一致的。马克思认为，阶级的形成是资本主义造成的社会后果，在资本主义之前，社会结构是划分为等级的，等级所对应的是封建制社会，无产阶级是一个“表明一切等级解体的阶级”[②]。“乡土中国”也是一个等级社会，它通过“差序格局”和“宗法制度”来规范权力体系和公共秩序。这个等级社会由“士农工商”四民构成，“士”就是饱学之士、掌握权术之人，“农”就是农民，“工”在这里指代手工业者、工匠，“商”主要是指从事商贸往来之人。不难看出，“四民”在社会结构中所处的位置是不平衡的，在三大产业部门中，工商业者的社会地位和声望最低，农民的地位远高于手工业者和商人。“乡土中国”的“四民”结构造成了事实上的非正义，同样是社会物质财富的创造者，劳工群体内部形成了明显的等级差异，农民的较高社会地位是由农业立国的国家战略所决定的，而工匠、商人较低的社会地位则是由“重农抑商”的经济发展取向以及国家土地

① 梁漱溟：《中国文化要义》，上海：上海人民出版社2005年版，第134页。

② 《马克思恩格斯文集》（第1卷），北京：人民出版社2009年版，第16页。

制度所导致的。总之，在“乡土中国”，工商业从业者是这个国家的异己性存在。

二、“木乃伊”的崩解

资本的运动速率和波及范围超出想象，它将世界各国的生产体系连成一体，重新建构世界劳动分工结构和消费结构，“旧的、靠本国产品来满足需要，被新的、要靠极其遥远的国家和地带的产品来满足的需要所代替了”[①]。很显然，“乡土中国”靠习惯法来实现资源配置的原始方式，同遵循竞争机制和市场原则进行等价交换的资本主义资源配置方式是格格不入的；“乡土中国”对土地实行“非资本化”的政策与资本主义将土地视为再生产的必备条件是截然对立的；“乡土中国”自我循环的“生产—消费”体系与资本主义开放型的再生产体系是明显有别的。因此，在资本从西方向东方转移的强大势能面前，“乡土中国”以及与之相匹配的一系列政治—经济—社会制度都将面临存续的危机。一旦资本运动破坏了“乡土中国”实现物质生产自我循环的供给系统，就意味着中华帝国与资本主义工业文明将发生直接正面接触，欧洲资本主义“血与火”的早期历史将在“乡土中国”中重演，“这样一个帝国注定最后要在一场殊死的决斗中被打垮：在这场决斗中，陈腐世界的

① 《马克思恩格斯选集》（第1卷），北京：人民出版社2012年版，第404页。

代表是激于道义，而最现代的社会的代表却是为了获得贱买贵卖的特权”[①]。马克思把中华帝国形象地比喻为“木乃伊”，这具“木乃伊”在资本主义强光的照射下瞬间解体，农耕文明将不可避免地走向衰落，依托农耕文明而建立的经济—政治—社会制度也将随之发生改变，劳工群体的内部构成及其结构方位也将发生根本性变革。

资本试图用自我规定性重新塑造中华帝国，这对“乡土中国”的影响则是全面而深刻的。资本首先借助军事暴力破坏了“乡土中国”大一统的政权结构。需要指出的是，这种破坏不是根本意义上的彻底摧毁，而是资本通过“敲打”大一统政权结构以试图进入这个巨大的东方市场。因此，军事暴力只能达到形式上破坏的效果，却难以撼动中华民族共同体的根基，从而决定了中国现代化的逻辑起点和使命宗旨是以维护和巩固民族共同体为前提的[②]。随着中华帝国独立主权被破坏，资本在中国建构出全新的旨在确保资本自由流动和组织化再生产的“条约制度”。“条约制度”是由一连串不平等条约所构成的制度体系，第一次鸦片战争后中英签订的《南京条约》构成了“条约制度”的开端，“随后的一百余年里，中国和外国签订的不平等条约达一千多个，外国人通过条约‘合法’地剥夺榨取、管束控制中国，驱使宏观社会脱出常轨，改道

① 《马克思恩格斯选集》（第1卷），北京：人民出版社2012年版，第804页。

② 林尚立：《大一统与共和：中国现代政治的缘起》，载陈明明主编：《复旦政治学评论》（第16辑），上海：复旦大学出版社2016年版，第21页。

变形”①。

主权破坏和条约制度，从政治和经济两个方面摧毁了几千年来中国社会“重农抑商”的国家经济建设传统，市场化的资源配置方式与依据习惯法进行资源配置的传统模式并驾齐驱，国际资本加速进入，自给自足的自然经济体制在强大的资本运动面前只能苟延残喘，农耕文明开始走向衰败。当然，中华帝国的掌权者不会任由这种情况持续下去，他们为挽救统治进行了艰苦的探索和尝试，过去不曾有过的向西方学习的冲动以及对自然科学的尊崇，促使他们为救亡图存而采取果断行动。工业文明的强大物质力量使开明的汉官和有识之士意识到，只有首先实现国家的工业化，才能与西方军事暴力相抗衡。因此，“师夷长技以制夷”很快成为挽救政治国家的共识方案。基于这一理念，一批民族工业在全国散点式兴起，全自动、机械化的生产体系彻底变革了传统手工劳动的生产模式，本土化的工业生产模式在中国诞生。被裹挟到资本主义世界历史进程中的中华帝国，对躬耕文明的自我救赎不是从既有的政治资源和历史传统出发，而是沿着资本主义世界历史发展的轨迹前行。国际资本在破坏“乡土中国”整体结构的同时，新兴的民族工业也同时在解构其有机体，乡村社会在外部冲击和内部变革的双重压力下难逃衰败的命运。

与乡村衰败和农民破产形成鲜明对比的是，资本输出和民

① 陈旭麓：《近代中国社会的新陈代谢》，上海：上海人民出版社1992年版，第60页。

族工业发展孕育形成了近代中国的产业工人大军。其实在资本主义萌芽早期，手工业者、工匠的规模人数已经相当可观，劳工群体作为能够对政治权威和统治秩序发出挑战的社会力量，引起了政治国家的注意和警觉。随着近代以来中国乡村社会被城市工业所吞噬，大批破产失地农民为了谋生只能来到城市工厂中做工，他们或被国际资本聘用，或被民族资本雇佣，资本在塑造中国现代性的同时也培育出一大批产业工人。如果说中国近代生产方式是西方列强通过军事扩张引入的结果，那么中国近代产业工人则完全由资本所在地域的破产人口转化而来，农业人口占了绝大多数，“当中国资产阶级还在孕育之中的时候，中国工人阶级早已出世了，1894年，中国工人有9万人之多”①。

近代中国工人阶级组织化模式与马克思描述的欧洲工业社会工人阶级组织化模式略有差异。马克思认为，由于工人阶级在工厂体制中形成了分工协作关系，从而培养了工人阶级的组织纪律性，同时在异化劳动和资本剥削机制影响下，工人阶级逐渐形成了反抗资本与机器的内生动力。这种抗争性冲动随着1824年英国议会允许工人自由结社的国家立法而成为普遍行动，工会作为工人阶级集体行动的组织化机制成为抗争资本运动的“斗争堡垒”。在资本主义体制下，工人阶级的阶级团结是资本剥削劳动的必然结果。

① 陈旭麓：《近代中国社会的新陈代谢》，上海：上海人民出版社1992年版，第134页。

由于中国乡村社会是一个典型的熟人社会，宗法制度与乡村民约是调节乡村社会人际关系的基本规范，它的解体也同时意味着熟人社会及其配套制度的瓦解。从乡土社会中逃难的破产农民来到城市工厂中，由于丧失了血缘、亲缘的纽带而成为陌生人。为了寻求有力的外部保护和社会支持，城市中的产业工人需要寻找新的组织化机制，地缘在建构工人阶级团结机制的过程中就起到了重要作用。一是农民进城务工的机会和信息一般由所在村落的熟人提供；二是农民进城后由所在地老乡会统一负责组织接待和安排工作，按照地区集中原则，同省份、同村落的农民一般会安排在同一家工厂做工；三是为了使这种团结机制保持相对的稳定性，产业工人通常会加入所在厂区设置的非制度化社团，比如老乡会、帮会、行会和宗教性团体等，美国哈佛大学中国研究中心教授裴宜理将这类社团称为“秘密社会”。

近代中国乡村社会的崩解表现为一种形式上的破坏，而乡村社会的文化传统，特别是熟人交往原则却毫发无损，并且在城乡人口流动、工业生产体制、阶级团结机制等方面得到充分运用。可见，近代中国的乡村与城市、农业与工业的关系不是简单的二元对立性。一方面，资本主义的原始积累与工业化进程是以工业对农业的完全摧毁、城市对农村的彻底征服为代价的，但中国现代化的早期启动模式表明，中国的城乡之间、工农之间还存留有非制度性的强联系，这种强联系不是由国家成文法所规定的，而是源于“乡土中国”的熟人交往原则和历史文化传统。另一方面，这种城乡之间、工农之间的非制度性强联系造成了中国工人阶级容易受到小农意识的困扰，在阶级主体性建构上存在一定的障碍。中国共产党以及此后成立的工会组织，其中的一项重要任务就是解除小农意识对工人阶级的严重影响，通过由外向内的阶级意识灌输，使其获得关于历史创作者与政治行动者角色的科学认识。正如刘少奇所指出的："工人的自发斗争，只有在赤色工会的领导下，才能得到他们应得的结果，和发展到最高的阶段上去。"①

三、"劳工神圣"的呐喊

19世纪后半期的中国社会，位于资本主义世界体系的边缘结构上，资本自我扩张的本性要求将处于边缘地带的中国拉到中心地带的周围。但是，"乡土中国"的强大历史惯性和保守性使中国社会与世界中心始终构成一种紧张的关系，帝制王权被资本赶下了神圣的宝座，国家经济发展战略也从"重农抑商"转向"实业救国"。"实业救国"就是极力倡导工业优先原则，从而使工业在国家产业结构中的位置上升到第一位。此时，统治阶级对西方工业文明抱有不切实际的幻想，希望通过复制西方工业模式来实现国家的独立自主，因此他们对于乡村的衰落无动于衷，对于土地私有化流转的

① 中共中央文献研究室，中华全国总工会：《刘少奇论工人运动》，北京：中央文献出版社1988年版，第62页。

现象也无暇顾及，被遗忘的乡村为民国初年知识分子重建乡村的社会实验埋下了伏笔。“乡土中国”在统治阶级国家建设叙事结构中的中心地位被取消了，取而代之的是富国强兵的工业化战略。

工业化战略是以沿海地区和内陆大中城市为中心向四周展开的，呈现出散点式的分布结构。这种散点式结构以工业城市为中轴，以边缘乡村为依附，乡村为工业城市发展提供基本的物质保障、原材料支持、能源供给以及最为重要的劳动力人口。费孝通认为，农民对土地具有高度的黏性，除非兵荒马乱或遇到严重的自然灾害，农民是不会离开世代生存的土地的。列强的军事暴力和国际资本对近代中国的严重冲击破坏了农业生产的外部环境，土地集中化使大批失地农民被迫背井离乡，进入城市工厂谋求生计，从而使农民阶级与地主阶级的矛盾转化为城市工厂体制下劳动与资本的矛盾。然而，农民与地主的矛盾并未就此消失，而是作为一种抗争性社会心理隐藏于劳资矛盾的背后。一旦劳资矛盾激化，处于隐藏状态的农民与地主的矛盾就会被激活，两类矛盾交织合流，引发了一轮又一轮的城市工人运动。语言始终受到物质的纠缠，思想运动只不过是对现实运动的反映。随着城市工人运动的兴起，劳工话语置换了乡土话语，成为审视近代中国社会中心问题的主导性话语。

劳工话语的兴起是以1918年北京大学校长蔡元培在天安门城楼前高呼“劳工神圣”为标志的，随后“劳工神圣”的口号得到知识界、政治界、舆论界和劳工界的热烈响应和广泛拥护。劳工话语随即进入社会意识形态体系，并伴随五四运动的浪潮同无政府主义、马克思主义、自由主义等理论类型相融合，展现出不同的解释维度。在刘师培、李大钊、陈独秀等知识分子的改造下，劳工话语从一种社会呼吁和动员口号，转化为政治意识形态和挽救民族危机、指导国家建设的总体性方案。劳工话语的兴起，一方面是“乡土中国”衰落与工业城市发展交互作用的结果；另一方面是近代中国介入资本主义世界政治经济体制，参与全球利益分配（尽管所占的利益比重极小），凸显地缘政治优势的结果。这其中最重要的历史事件就是“一战”。中国以向欧洲战场输送华工的方式参与到“一战”中，华工以其精湛的劳动技能、团结协作的阶级品质、勤勉务实的劳动精神，一改西方对华人的刻板印象，为“一战”的最终胜利作出了重大贡献。华工在“一战”中的表现在国内社会引发强烈反响，北洋政府当局对华工赞赏有加，知识界和舆论界对华工群体和华工精神也予以高度赞扬，鲁迅说“目不识丁的华工”是欧战最伟大的业绩，康有为说中国对“一战”的贡献“惟工人最大”[1]。旅欧华工扭转了长期以来人们对劳工群体的片面性认识，劳工并不是最卑贱、最无能、最无用的人，相反，他们在创造社会物质财富的同时，也在追求着人类的正义事业，由此建构起关于劳工群体作为历史进步力量的政

① 熊秋良：《五四知识分子对“劳工神圣”的认知与实践》，《马克思主义研究》2019年第4期，第56—67页。

治形象。蔡元培关于“劳工神圣”的著名演讲，只不过是对上述认识转变的一次公开宣示罢了。

“劳工”本不是汉语世界中的概念表达，蔡元培所称的“劳工”主要是指参加“一战”的旅法华工。这批华工由于拥有较好的劳动保障条件，因此他们与法国本地工人在工资待遇、工作条件和社会地位等方面得以保持平衡。同样地，法国工人的自由结社权对于旅法华工同样适用，工人自由结社并组建工会，对于培养劳工的团结意识、塑造劳工阶级品格、训练劳工政治能力创造了有利的制度空间。有识之士早已通过这一特殊群体看到了中华民族所蕴含的强大进步力量，看到了能够让中国旧貌换新颜的一线光景。蔡元培极大地拓展了“劳工”概念的对象范畴，将士绅、农民、工匠、商贾、教员等都视为劳工的一部分，“凡是用自己的劳力做成有益他人的事业，不管他用的是体力，是脑力，都是劳工”[①]。“劳工”概念的泛化解构了“乡土中国”关于“士农工商”的“四民”结构，传递出“四民皆士”的正义理念，实现了对“四民”结构的现代转换。随着乡村的衰落，传统中国“四民”结构与工业文明之间的张力越发凸显，由现代工业文明孕育生成的劳工话语来取代乡土叙事，已经成为不可逆转的历史必然。

---

① 高平叔编：《蔡元培全集》（第3卷），北京：中华书局1984年版，第219页。

四、革命的中坚力量

“劳工神圣”还深层次反映出当时近代中国社会关于建设一个什么样的国家的反思和争论。这一话语资源最早被无政府主义者所注意，通过对“劳工神圣”的再解释，使其归置为无政府主义的意识形态。无政府主义者标榜“社会主义”的名义，却行的是小资产阶级社会改良之实。蔡元培将克鲁泡特金的“互助论”与“劳工神圣”相融合，认为劳工不是由劳动形式和劳动内容所决定的，而全体社会成员都是劳动者，劳动无高低贵贱之别，只有社会分工之异，不劳而获是违背劳动伦理和社会道德的。他主张未来中国社会的基层组织应当是由劳工群体自发形成的互助社团，互助社团发端于人性的崇高品德，是劳动组合的基本形式，从而能够避免工业化造成的劳资矛盾和社会不平等问题。这与中国传统文化中所推崇的大同哲学不谋而合。

在无政府主义者看来，“劳工神圣”是道德批判的范畴，以“真理”的形象和“教义”的规约试图纠正国人对劳动概念和劳动者群体的保守性认识；它所反对的就是几千年来中国封建帝制造成的人与人之间事实上的不平等以及由此建立的儒教意识形态；它希望通过道德批判唤醒国民的共同体意识和民主精神，这是近代中国社会改造行动的第一步。然而，无政府主义者所推出的道德批判恰恰是马克思所反对的。马克思的《政治经济学批判》深刻揭示了西方劳动价值论的缺陷和“劳工神圣”在意识形态领域中的虚假性。从“异化劳动”的提出到剩余价值理论的发现，马克思看到了资本是如何使生产资料与劳动者相分离，以及劳动是如何从人的本质规定异化为控制人、摆布人的异己性力量。马克思认为，揭开“劳工神圣”的虚幻面纱，工人阶级必须通过组织化方式进行集体行动，以政治革命为武器推翻资本主义雇佣劳动制度乃至整个资本主义上层建筑，只有实现工人阶级专政，实现工人阶级对生产资料的全部占有，才能开辟出走向“自由人联合体”的康庄大道。正如有学者所说：“20世纪初的中国，马克思主义被接受的过程中，却在相当程度上借助了马恩所反对的不加条件的‘劳工神圣’说。”①这深刻反映出近代中国在从农耕文明向工业文明的转型过程中，由于自身历史传统的强大惯性和哲学思维的强大束缚，造成其缺乏足够的理论资源和话语资源来论证上述转型的必然性与正当性。加之知识分子对经济运动过程与规律的认识相对匮乏，导致五四时代的中国话语建构出现了许多概念错位的现象，即用并非十分精准严整的概念或话语来阐释源自西方的现代理论。

令人意想不到的是，这些错位的概念并没有造成国人在认识论上的分歧和混淆，相反，它们还有着广泛的民意基础和传播空间，能够与解决近代中国社会中心问题的努力相契合。这一方面表明国人对于迅速摆脱国家衰败状况、早日实现国家独

① 李双，杨联芬：《从“四民皆工”到“工人阶级”——“劳工神圣”观念的形成与语义嬗变》，《探索与争鸣》2019年第12期，第124—131页。

立和现代化的迫切愿望；另一方面则反映出从农耕文明到工业文明只是近代中国国家转型的第一步，这与马克思对欧洲文明转型的分析是一致的。但如果按照马克思的判断，这种转型远没有完成。资本主义的现代性不是人类历史建构的完成时，而只是其中的一个中间阶段，马克思主义政治经济学批判的理论主旨就在于对这个中间阶段何以可能、何以超越作出系统论证，为从现代性文明跃迁到人类文明提供行动方案。马克思认为，跨过资本主义现代性中间阶段的必经之路就是工人阶级政治革命，“工人革命的第一步就是使无产阶级上升为统治阶级，争得民主”[①]。无政府主义是难以担当如此重大的历史使命的，他们反对专政，反对政府，更反对暴力。

“十月革命”的一声炮响让国人看到了工人革命的实现道路和工人阶级专政的成功个案。马克思列宁主义以“十月革命”作为现实注脚传入中国，在陈独秀、李大钊等人的共同努力下，劳工话语被改造成为阶级话语，五四运动后，“无产阶级”“工人阶级”成为马克思主义文献传播的通用译法[②]。“劳工神圣”在获得道义上的“神圣”地位的同时，也在解决近代中国社会中心问题的现实运动中获得了具体化的实现形式。1921年，中国共产党建党以及此后中国工会的创建，使“劳工神圣”从道德批判真正进入“反对现存状况的现实运

① 《马克思恩格斯选集》（第1卷），北京：人民出版社2012年版，第421页。

② 郭台辉，谢丽萍：《无产阶级观念在近代中国的早期展开（1898—1921）》，《天府新论》2015年第3期，第9—15页。

动”中，由此确定了工人阶级在解决近代中国社会中心问题中的决定性身份。正如毛泽东所言：“工业无产阶级人数虽不多，却是中国新的生产力的代表者，是近代中国最进步的阶级，做了革命运动的领导力量。”[①]

① 《毛泽东选集》（第1卷），北京：人民出版社1991年版，第8页。

第四章

劳动竞赛与观念革命：中央苏区劳模精神的锻造

提高劳动热忱，开展生产竞赛，激励生产战线上的成绩卓著者，是提高生产力的重要方法。

——毛泽东在中华苏维埃第二次全国代表大会上的讲话，1934年1月

中央苏区局部执政是新民主主义革命的重要历史阶段。中国共产党是以劳动解放为使命的无产阶级政党，劳动竞赛不仅创造了巨大的物质财富，更建构起强大的精神力量，发展出共产主义劳动伦理的新观念。劳动竞赛作为中国共产党领导苏区建设和地方治理的制度性安排，不仅极大地缓解了苏区经济紧张和军事资源供给不足等问题，还有力地巩固和发展了苏维埃政权，强化了政党与民众之间的制度化联系；不仅为中华人民共和国成立后创建社会主义劳动体制、发展社会主义劳模运动积累了实践经验，更孕育形成了苏区精神、井冈山精神、劳模精神等一大批伟大精神，丰富发展了中国共产党的精神谱系，为中国革命注入了强大动能。

一、新革命与新观念

在经典马克思主义理论中，共产主义革命是一种有别于宗教革命、哲学革命和工业革命的新革命类型。其最显著特征就

是，无产阶级在社会形态变革中充分彰显作为人类文明新形态推动者和建构者的主体性力量，在革命的形式和手段上呈现为无产阶级的整体性参与以及集体性行动，正如马克思恩格斯所说："历史活动是群众的活动，随着历史活动的深入，必将是群众队伍的扩大。"[①]然而，历史的经验告诉我们，无产阶级群众的集体行动具有自发性、分散性和碎片性倾向，无产阶级群众革命性力量的建构不是轻而易举之事，必须有一种外在于无产阶级群众的杠杆性力量，将个体的、分散的无产阶级群众聚合为基于共同目标的整体性阶级。这个共同目标就是实现阶级解放和劳动解放，这个杠杆性力量就是作为无产阶级先锋部队的共产党。

共产主义革命是一种全新的革命范式。共产党不仅要扮演阶级力量整合的角色，还要对无产阶级群众进行全方位动员，这是避免革命中断的关键所在。我们将其称为无产阶级政党的杠杆功能。所谓"杠杆功能"，就是共产党运用政治启蒙、利益引导、制度激励、组织动员等方式手段，激活无产阶级群众的革命自觉性和行动主体性，从而实现政党引领群众、群众响应政党的联动效应。从既有的政治实践来看，政党动员的政策工具有多种选项，如政治号召、媒介宣传、典型示范、统一战线等[②]。这些政策工具都属于政治性工具，政党通过面向群众

① 《马克思恩格斯文集》（第1卷），北京：人民出版社2009年版，第287页。

② 蔡志强：《社会动员论——基于治理现代化的视角》，南京：江苏人民出版社2015年版，第174页。

开展政治性动员来实现无产阶级意识形态的再生产，使自发性群众获得无产阶级的阶级意识，即在历史唯物主义的原则高度上重新审视无产阶级陷入劳动异化困局的经济—政治因素，从而为实现由“自在阶级”向“自为阶级”的根本性转型提供思想和理论准备。获得阶级意识的无产阶级群众必将在革命实践的道路上阔步向前，“这批人联合起来，形成一个自为的阶级。他们所维护的利益变成阶级的利益。而阶级同阶级的斗争就是政治斗争”[①]。在此意义上，共产主义革命也是一场深刻的观念变革和思想革命。

作为一种关于实现无产阶级的阶级解放以及对人类社会本质规定科学化理解的思想观念和系统学说，共产主义观念的生产机制不仅包含政党动员这一个方面，生产实践及其劳动过程同样是无产阶级观念建构的重要机制。以迈克尔·布若威为代表的西方马克思主义学者认为，劳动实践不仅是产出产品的物理过程，还包含政治、经济以及意识形态三个维度的实践性活动[②]。劳动生产既是一种重塑外部世界的物质力量，也是一种建构“主义”与“理想”的精神力量。在中国革命语境下，中国共产党在中央苏区领导推动的劳动竞赛，不仅为中国共产主义革命提供了源源不断的物质资源，更使党通过“生产锦标赛”这一乡村动员形式，找到了一条建构共产主义劳动伦理、

① 《马克思恩格斯文集》（第1卷），北京：人民出版社2009年版，第654页。

② 王星：《劳动分工、技术进步与劳动教育》，《劳动教育评论》2020年第2期，第18—29页。

培育新民主主义文化的全新路径，最终实现劳模精神的政治建构与共产主义劳动伦理在中国传统乡村社会的再生产。这是中央苏区时期中国共产党“精神立国”的鲜活案例，为中华人民共和国成立后党领导推进社会主义意识形态建设积累了大量宝贵的实践经验。

既有研究对党在中央苏区的意识形态建构颇为关注，如劳模运动与劳模精神的孕育，劳动竞赛与劳动意义的诠释，劳动生产体制与劳动伦理建构等。上述研究存在一个隐而不显的问题，即劳模精神作为党在传统乡土社会中建构而成的第一个以劳动生产实践为主要内容的意识形态符号，它与中国传统农耕文明语境下的“劳而不怨”（《论语》）、“劳我以生”（《庄子》）、“民不劳而上足用”（《墨子》）[①]等意涵有何根本性差异？劳动竞赛“孕育”以劳模精神为载体的共产主义劳动伦理的内在机制应当如何描述？对这些问题进行深入研究和系统回答，有助于更好地理解劳模精神进入中国共产党精神谱系的根本理由，对于在新的历史条件下大力推进劳动竞赛，构建中国特色社会主义劳动文化体系具有重要的现实意义。

① 崔海亮，白梦婈：《中国传统文化中的劳动教育及其当代价值》，《教育与教学研究》2021年第4期，第17—27页。

二、夹缝中的生存之道

政党是意识形态的表达形式和兑现机构，它分布于意识形态光谱之上。意识形态正是通过政党这个中介环节转化为影响政治议程和公共生活的实践形态。任何一个政党，都必然会高举一面思想或主义的旗帜，正如艾伦·韦尔所说："政党不仅是对选民看法作出回应的机构，也是其行动可能受到其成立之时便已有的很古老的信仰和价值所影响的机构。"[①]因此，维护意识形态的稳定性和权威性，推进意识形态再生产和社会化，就成为内在于政党的一项政治性功能。如何创新意识形态再生产方式，扩大政党意识形态社会认同度，是任何现代政党都难以绕过的重大课题。

共产党是资产阶级与无产阶级这两大阶级结构力量对比发展到一定阶段的产物。共产党位于现代政党类型学谱系中，它与"劳动政治"的紧密关联决定了其具有在生产实践领域发展出新型意识形态的可能性。所谓"劳动政治"，就是指对人类劳动实践的政治性理解以及对社会劳动体制政治逻辑的揭示。若以"劳动"为尺度对世界政党组织类型进行重新划分，则形成两种政党形态：一种是以西方社会现代政党为代表的"分配型"政党，这类政党代表特定社会阶层和群体的利益，以期在劳动产品分配过程中占据优势、获益最大；另一种是以共产党

① 〔英〕艾伦·韦尔：《政党与政党制度》，谢峰译，北京：北京大学出版社2011年版，第8页。

为代表的“生产型”政党，其劳动政治观是建立在历史唯物主义的科学理论基础上，将人类劳动实践视作推动社会历史发展的根本动力，主张建立生产资料公有制社会以及有组织的社会化大生产劳动体制，把解放和发展劳动生产力作为阶级解放的先决条件。正如马克思恩格斯在《共产党宣言》中所指出的，无产阶级通过政治革命成为统治阶级后，“一步一步地夺取资产阶级的全部资本，把一切生产工具集中在国家即组织成为统治阶级的无产阶级手里，并且尽可能地增加生产力的总量”[①]。

共产党的政治意义不仅在于使生产资料回归到无产阶级群众的手中，而且在于引导无产阶级群众通过社会化生产培养出一种全新的共产主义文明观。这种共产主义文明观是以促成个体性劳动展现出国家性意义为前提的，个体性劳动是人的本质力量的外在表现，意味着“人的本质对人来说的真正实现”[②]；个体性劳动不是抽象的、孤立的劳动，它是维系国家这一政治共同体存续和发展的基础性要件，“实干兴邦”是科学社会主义的基本原则。从一定意义上讲，劳动的意识形态意义甚至会超出其所创造的物质价值。这一点在中央苏区的革命实践中展现得尤为明显，中国共产党创设的群众路线就是源于对个体性劳动生产所蕴含的政治性意义的深刻理解和洞察。群

① 《马克思恩格斯文集》（第2卷），北京：人民出版社2009年版，第52页。

② 《马克思恩格斯文集》（第1卷），北京：人民出版社2009年版，第217页。

众路线是防止军队“地方化”的一道屏障，军队与群众之间之所以能够形成比较稳固的联结机制，就在于军队不仅致力于打仗，还要参与经济建设和劳动生产[①]，劳动生产不仅在于解决兵源不足和物质短缺等现实性问题，而且在于引导官兵在劳动实践中培养和形成马克思主义劳动观，这是人民军队与旧式军阀在政治观念维度上的根本差别。正如毛泽东在为红四军第九次代表大会起草的决议中所指出：“编制红军法规，明白地规定红军的任务，军事工作系统和政治工作系统的关系，红军和人民群众的关系。”[②]

尽管毛泽东多次强调劳动生产和经济建设对于红军存续发展的极端重要性，并且将红军参与劳动生产作为一项军事制度予以明确和强化，但军队的核心功能毕竟是武装斗争，具体来说就是保卫苏维埃政权的安全。对红军来说，武装斗争与劳动生产是有主次之分的，前者为主，后者为辅。毛泽东指出：“革命战争是当前的中心任务，经济建设事业是为着它的，是环绕着它的，是服从于它的。那种以为经济建设已经是当前一切任务的中心，而忽视革命战争，离开革命战争去进行经济建设，同样是错误的观点。”[③]毛泽东在这里表达了两层含义：第一，军队是打仗的，革命战争是军队的中心任务，这是苏维

① 刘佳：《中国共产党“群众路线”百年演进的政治逻辑》，《内蒙古社会科学》2021年第5期，第16—22页。

② 《毛泽东选集》（第1卷），北京：人民出版社1991年版，第88页。

③ 《毛泽东选集》（第1卷），北京：人民出版社1991年版，第123页。

埃政权生存发展的前提；第二，军队参与经济建设不能以“忽视革命战争”为代价，经济建设必须对军事行动起到支持作用，而不是相反。总而言之，党要求强化军队的马克思主义群众观意识，要求武装力量保持同群众的密切联系，并非有意淡化军队的“革命武装”色彩，而是要把共产主义革命事业建立在广大人民群众的支持上。

政权建设不仅是一个建构民主政治权威，推进政治体制制度化、政治参与民主化的政治形态建构过程，更是破解物质生产瓶颈、以发展谋生存的创造性实践。按照经典马克思主义理论的解释，无产阶级政权是资本主义发展到一定阶段后，其生产资料私有制与社会化大生产之间的矛盾难以调和并最终破裂导致的政治后果。作为一种超越于资本主义文明形态的新型政治文明，无产阶级政权不仅在政治理念上具有高度民主化特征，而且在物质基础上具有对资本主义的显著优势。

然而，在中国这样一个以农耕文明为主体的农业社会中，马克思恩格斯的政治设计不具备向现实转化的条件性和可能性。地方农业经济和帝国主义的分裂政策使白色政权只具备了形式上的统一性，从而在客观上“使一小块或若干小块的共产党领导的红色区域，能够在四围白色政权包围的中间发生和坚持下来”[①]。“夹缝式”建政面临两个问题：一是如何确保政权安全；二是如何发展和改善基本民生。前者通过正确的军事

---

① 《毛泽东选集》（第1卷），北京：人民出版社1991年版，第49页。

路线和武装斗争来保证，后者则要以广泛的生产动员和组织化集体劳动来保障。如前文所述，军队是用来打仗的，民生建设任务就自然落到了苏区政府身上。因此，劳动竞赛成为中国共产党激发基层社会生产动能，破解中央苏区经济困局的重要方略。作为中华苏维埃共和国临时中央政府主席，毛泽东对劳动竞赛予以极大支持，开掘劳动竞赛的意识形态生产功能，赋予劳动竞赛以全新的政治意义，为中央苏区摆脱经济困境，支持前线军事斗争提供了有力的物质保障和强大的精神力量。

三、劳动竞赛：生产的助推器

劳动就是作为实践主体的人能动地改造外部世界，使外部世界更好地满足人的需要和目的的过程。在传统观念中，劳动本质上属于私人事务，其功能在于满足个人私欲和享受，如黑格尔所说："通过劳动，由欲求决定的东西……被扬弃，并且由欲求决定的存在作为直观被客观地设定起来；在劳动中，欲求与享受的差异被设定起来。"[①]"劳动竞赛"使劳动超出了作为私人事务的边界，它是指在劳动者群体中构建出一套基于劳动成果的差异化激励机制和评价体系，以使劳动生产实践获得公共性。劳动生产实践的公共性特征必须回归到"共同体"之中才能得到充分的理解。空想社会主义者安德里亚

① 张东辉：《青年黑格尔的劳动思想研究》，《哲学动态》2021年第6期，第72—82页。

在《基督城》中首次提出了“共同体劳动竞赛”概念，认为基督城“共同体劳动竞赛”的目的不是最大限度地生产出劳动产品以满足个人私欲，而是彰显人类改造自然的能力和人性之光[①]。马克思恩格斯指出：在共产主义的共同体中，“每个人的自由发展是一切人自由发展的条件”[②]，即个体性劳动具有超越个人利益的共同价值。劳动竞赛作为一种思想资源被共产党国家全面借鉴和吸收，列宁指出：“社会主义不仅不窒息竞赛，反而第一次造成真正广泛地、真正大规模地运用竞赛的可能，把真正大多数劳动者吸引到这样一个工作舞台上来，在这个舞台上，他们能够大显身手，施展自己的本领，发现有才能的人。”[③]

劳动竞赛作为一项由共产党主导的群众性劳动生产动员体制最早出现于苏联。苏联在“一五”计划时期组建了一大批劳动突击队就是最早的劳动竞赛形式，20世纪30年代兴起的“斯达汉诺夫运动”则将苏联劳动竞赛推向高潮，这也构成了中共在苏区时期实施劳动竞赛、开展劳模运动的历史依据。与空想社会主义者以及俄国共产主义者对劳动竞赛的理解略有差异，中国共产党更多的是从苏区政权存续发展的现实性维度来审视劳动竞赛的。军事斗争也是一场资源争夺的较量，战争对于国

---

① 高信奇：《劳动竞赛：空想社会主义共同体的思想遗产》，《科学社会主义》2017年第4期，第123—127页。

② 《马克思恩格斯文集》（第2卷），北京：人民出版社2009年版，第53页。

③ 《列宁选集》（第3卷），北京：人民出版社2012年版，第375页。

家提取资源的能力提出了更高要求①。然而，在“夹缝地带”建立的苏区政权，面临的最大现实困境就是物质资源的有效供给不足和社会再生产能力低下。一方面，苏区境内以山地、林地为主，来往交通不便，工业发展落后；另一方面，国民党当局对苏区政权实行“总体战”策略，构筑了严密的封锁制度。米夫在共产国际的发言中说道：“过去苏区与国统区的经济往来是相当容易的，而现在则要困难几十倍。国民党对于跟苏区经商的商人不惜采取各种镇压、枪毙的手段，而这种封锁产生了效果。如果说过去不管怎样总能把一些工业品带到苏区来，而现在可能性极小。”②封锁制度的本质就是要斩断苏区经济循环和社会再生产的链条。现代经济活动是以生产—消费为两大基本环节的循环系统，任何一个链条和环节出现了问题，经济活动就难以维系。政治是经济的集中表现，经济是政治的应然议程。打破封锁制度，畅通物质生产内循环系统，就成为苏区政府工作的当务之急。

面对日益严峻的经济形势和不断增长的战争消耗，党采取一系列政策措施激发苏区群众劳动生产的潜在动能，其中一项重要举措就是开展劳动竞赛，并奖励经济建设战线的卓越贡献者。1931年，中共中央在关于开展“红五月”运动的指示中要

① 丁家龙：《战争与国家：查尔斯·蒂利国家形成理论的简单述评》，《经济研究导刊》2011年第4期，第236—237页。

② 黄道炫：《张力与界限：中央苏区的革命（1933—1934）》，北京：社会科学文献出版社2011年版，第209页。

求："各地党部各革命团体，彼此间可订立革命竞赛的办法，并可组织群众自愿的模范队来领头"；4月，《中央关于苏区宣传鼓动的工作决议》要求"苏区内应立刻开始革命竞赛"[①]。劳动竞赛也是一场关于共产主义革命正当性与合法性的政治动员。1932年5月，江西省第一次工农兵苏维埃大会通过《财政与经济问题的决议案》规定："鼓励农民群众努力耕种，加种杂粮，来充裕粮食，要用革命竞赛及各种奖励方法，去提高生产，更要从政治上去宣传发展革命战争的意义和关系，使广大的农民群众由政治的认识而努力生产。"[②]劳动模范既是劳动竞赛的胜出者，又是苏区经济建设的突出贡献者。在劳动竞赛中涌现出一大批模范个人和集体，这里既有普通个人，也有党政机关干部。武阳群众在修建机场的劳动竞赛中获得"第一面奖旗"，因此也被称作劳动模范[③]。

中国共产党为了解决中央苏区的经济困境，通过对社会主义共同体劳动竞赛思想的继承和激活，构建以劳动竞赛为核心机制的苏区社会生产动员体系，将其纳入苏维埃制度架构中，并且在劳动竞赛过程中培养和发现了一大批劳动模范个人和集体，为共产主义劳动伦理的政治建构奠定了坚实的政治基础和

---

① 中共中央档案馆：《中共中央文件选集（1931）》，北京：中共中央党校出版社1991年版，第200页、第218页。

② 江西省档案馆，中共江西省委党校党史教研室：《中央革命根据地史料选编》下册，南昌：江西人民出版社1982年版，第578页。

③ 游海华：《新价值观构建与引领：苏区时期中国共产党树立劳模的历史考察》，《福建论坛（人文社会科学版）》2020年第11期，第81—94页。

制度根基。

四、新观念的建构

劳动竞赛作为一种社会生产动员机制，通过苏维埃政权体系自上而下的组织化传导，逐步从一种制度理念转变为内嵌于乡村社会物质生产的核心机制。更为重要的是，劳动竞赛不仅在一定程度上缓解了苏区严峻的经济困境，还为苏区精神、井冈山精神、劳动精神等中国共产党伟大精神的孕育和培植奠定了深厚的社会实践基础，为推动中国共产党意识形态再生产、建构共产主义劳动伦理创造了条件。

（一）政治动员与群众观念的强化

劳动竞赛之所以能够嵌入苏区乡村社会的生产体系中，成为群众劳动生产的核心机制，这与中国共产党的政治动员与积极促成密不可分。制度依附于组织而存在，没有政党的组织推动和社会动员，制度功能是难以发挥其应有作用的。作为劳动竞赛的创设者和推动者，党对劳动竞赛的组织、开展与推进给予了有力指导。1933年，瑞金武阳区石水乡开展生产竞赛，掀起了春耕生产的热潮。毛泽东闻知此事后，率领中华苏维埃共和国临时中央政府代表团前往武阳区参加“赠旗大会”。毛泽东在会上发表演讲，称赞武阳区特别是石水乡春耕生产，号召瑞金县人民向武阳区学习，搞好夏耕生产，并代表临时中央政府将写有“春耕模范”字样的奖旗授予武阳区和石水乡群众[①]。毛泽东作为中央苏区政府的最高负责人，亲自出席石水乡赠旗大会，充分体现了中国共产党对劳动竞赛的重视程度。中国共产党将劳动竞赛视为乡村动员和共产主义意识形态再生产的重要契机。

政治动员的难点在于如何走进基层、深入群众、影响个体，即政党意识形态何以社会化、大众化。毛泽东出席石水乡劳动模范的赠旗大会，体现了石水乡在劳动竞赛中的典型性和代表性，由苏区中央政府主席亲自赠旗并发表讲话，这对底层民众来说是莫大的鼓舞和激励。但是，政治领袖直接进行政治动员毕竟只是少数个案。劳动竞赛若要从制度设计嵌入乡村社会，只靠政治领袖的推动是远远不够的，也是不切实际的。只有依托苏区政权遍布乡村的组织网络和干部体系把群众充分发动起来，才能将劳动竞赛这一生产动员模式有机地嵌入乡村社会之中。正如毛泽东所指出的：“为了争取工作的速度，革命竞赛的办法应该在每个乡里实行起来。乡苏是竞赛的领导者，但乡苏也只是‘领导者’，因为每一竞赛，主要是群众的竞赛，不只是各村代表之间的竞赛。因此每一竞赛条约的订立，应召集村为单位的群众大会作报告，得到群众的承认，并且把竞赛条约张贴出来。在生产问题等项的竞赛上，还应召集每个代表

① 姚荣启：《中国劳模史（1932—1979）》，北京：中国工人出版社2020年版，第5—6页。

领导下的几十个居民开会作报告，得到他们的承认。”[①]由此可见，中央苏区劳动竞赛的背后隐藏着一条重要的社会动员机制——群众路线。劳动竞赛强化了苏区干部与人民群众之间的制度化联系，增进了苏区干部的马克思主义群众观念。与此同时，劳动竞赛对群众来说还是一场深刻的马克思主义阶级观教育和议政能力训练，群众在商讨、签订竞赛条约的过程中，培养了政治参与的热情和主动性。

（二）合作社制度与互助意识的生成

劳动竞赛是一场社会生产领域的全民锦标赛。若想在劳动竞赛中取胜，一般来说可以在以下三个方面寻求突破：一是降低生产成本，开展节约运动。如中央苏区政府警卫连规定“全体实行每日吃两餐饭，节省米粮，帮助红军，发展革命战争”[②]。二是改造生产工具，改善工艺水平，提高生产能力。三是变革生产关系。其中，改造生产工具和工艺技术，需要很强的专业知识，对劳动者具有极高的专业性要求。与此相比，调整和变革生产关系在实践中更具有操作性和推广性，更加符合劳动竞赛作为一项群众性劳动生产动员激励机制的特点。在此方面，苏区群众在实践中摸索出一种“合作化”的劳动生产组织形式，即构建劳动生产共同体，实现生产资料共享和劳动

① 《毛泽东文集》（第1卷），北京：人民出版社1993年版，第319页。

② 《中央政府、少共江西省委工作人员节省粮食帮助红军》，《红色中华》1932年3月16日。

力资源的合理配置，以此提高劳动生产率，从而在劳动竞赛中获得比较优势。组建合作社有助于增强生产能力，带动苏区农业生产的发展。1933年8月至1934年2月，苏区省、县两级工会办了12个农具生产合作社，加上各地星罗棋布的犁牛合作社，解决了农村缺乏耕牛、农具的困难，调剂了农村中的劳动力，农业生产得到了较快发展[①]。

毛泽东指出："劳动互助社和耕田队的组织，在春耕夏耕等重要季节我们对于整个农村民众的动员和督促，则是解决劳动力问题的必要的方法。"[②]合作社的本质是农民互助机制和生产资料共用制度，这一制度培养了农民个体间共享劳动工具、调剂劳动力资源的互助意识。互助意识是一种蕴含某些共产主义特质的、超越农业文明限度的新型劳动伦理。中国传统文化中拥有丰厚的互助思想资源，老子"无为而治"所构建的恰是"甘其食，美其服，安其居，乐其俗"的理想互助社会，管子亦提倡家族人伦，地方政治"朝不合众，乡分治也"；孙中山等近代知识分子对中国传统互助思想进行了现代性改造，希望通过社会互助的方式重构政治国家[③]。中央苏区的合作社是一种初步具有共产主义性质的新型生产关系，一则实现了对

① 中央苏区工运史征编协作小组：《中央革命根据地工人运动史》，北京：改革出版社1989年版，第75—76页。

② 《毛泽东选集》（第1卷），北京：人民出版社1991年版，第132页。

③ 刘妮娜：《中国特色互助社会：历史溯源与现代建构》，《北京社会科学》2021年第5期，第103—115页。

中国社会互助传统的再激活，二则发展了经典马克思主义理论对农民革命性的判定。在马克思看来，由于个体农民依附于土地而存在，农民的劳动和生活空间被牢牢地套在土地上，因此农民之间缺乏有机的联系，就像一麻袋“马铃薯”，小农阶级无法实现民主政治目标①。劳动竞赛改变了苏区农民之间相对隔离的空间结构，通过合作社的互助形式实现了农民个体间在劳动生产领域的联合，为促进农民群众政治化，激发农民阶级的潜在革命动力提供了可能。

（三）树立政治典型与劳模精神的建构

劳动竞赛的直接结果就是造就出一批劳动模范和先进人物，他们是中央苏区经济建设的杰出楷模和劳动英雄。共产党是工人阶级的先锋型政党，相对于一般群众而言，共产党是工人阶级群众中的杰出代表，是阶级群众的模范。借用“模范”这个政治话语来定义中央苏区劳动竞赛的胜出者，这无疑是中国共产党建构共产主义劳动伦理的一大创造。中央苏区是中国劳模运动的肇始地，劳模精神最早形成于中央苏区，“中国共产党创设劳模的原因在于苏区内的物资短缺和经济困窘，最早可能源于各革命根据地出台的督促和奖励工农业生产发展的政策，而当年受到奖励和表彰的对象，就是中国共产党最早树立

① 何增科：《马克思、恩格斯关于农业和农民问题的基本观点述要》，《马克思主义与现实》2005年第5期，第49—59页。

的劳模”[①]。

劳动模范是中国共产党塑造的第一代政治典型。以劳动模范为政治典型，极大拓展了劳动竞赛的社会影响力，亦是劳动竞赛进一步发展为劳模运动的重要推手。中国共产党树立劳模典型，主要基于三重考虑：一是劳动竞赛的逻辑使然，劳动模范是劳动竞赛的胜出者，对其进行必要的表彰、嘉奖和宣传是开展劳动竞赛的题中之义，“中共策略性地拉开劳动群众在劳动能力、劳动质量、劳动态度三方面的差异性，通过引入竞争机制、表彰机制和宣传机制，在劳动群众中选取、培育和塑造劳动模范和英模人物”[②]。二是对劳动模范的政治品质、阶级品格、劳动伦理等进行价值抽象和理论凝练，构建劳模精神的阐释范式和话语体系，这也是党推进共产主义劳动伦理再生产的过程。三是借助劳动模范拥有较大社会资本的潜在优势，推动劳模精神的社会化传播，“典型都是正式制度安排之外的角色，每个典型都有自己的一套人际关系网络（即所谓群众基础）。掌握了典型，政治权威就可以利用典型的政治忠诚及其人际关系在群众中建立起一个非正式的权力网络”[③]。中国共产党通过组织劳动竞赛发现劳动模范，抽象和凝练出劳动模范

① 游海华：《中国共产党创设劳模时间考》，《中国井冈山干部学院学报》2020年第2期，第87—91页。

② 刘佳：《社会主义国家建设视野下劳模精神再阐释》，《内蒙古社会科学》2019年第5期，第39—46页。

③ 冯仕政：《典型：一个政治社会学的研究》，《学海》2003年第3期，第124—128页。

的阶级品格和政治觉悟，将劳模精神同马克思主义政党的政治价值谱系实现全面对接，从而将劳模精神纳入中国共产党的精神谱系中。由此，中国共产党以劳动模范为支点，将劳模精神的价值力量与实践理性延伸到劳动模范群体背后更为广阔的乡土社会。随着劳模精神的弘扬和传播，劳动竞赛日益融入苏区民众的日常生活之中，成为一种生活常态。

总而言之，任何一场轰轰烈烈的政治革命必然伴随着悄无声息的思想革命。思想革命与其说是政治革命的伴随者，倒不如说是政治革命的“先声”和集体行动的“信号”。马克思恩格斯在《共产党宣言》中深刻揭示了共产主义革命的双重指向，“共产主义革命就是同传统的所有制关系进行最彻底的决裂；毫不奇怪，它在自己的发展进程中要同传统的观念实行最彻底的决裂”①。共产主义革命在彻底重构生产资料所有权和劳动产品分配权的同时，也在同步置换建立在私有制基础上的观念体系和意识形态。当然，同物质性的所有权变革相比，精神性的思想革命要复杂得多，成本也大得多，为此耗费的时间也要更为漫长一些。

思想革命归根结底就是一场世界观革命。旧的世界观的退场并不意味着一定会有新的世界观来“补白”，新旧之间的交替总是呈现出一种焦灼的拉扯状态。思想的韧性和弹性要远远超出预计。对于共产党来说，建构一种新的认知范式和观念体

① 《马克思恩格斯文集》（第2卷），北京：人民出版社2009年版，第52页。

系，要将思想革命的艰巨性充分考虑在内，在政治革命的同时尽可能建立起引导思想变革的新机制、新路径和新手段，而不是拘泥于意识形态革命的单一模式。这是共产党领导共产主义革命的现实选择和必经之路。

劳动竞赛作为苏区建设和地方治理的制度性安排，不仅极大地缓解了苏区经济紧张和军事资源供给不足等问题，还有力地巩固和发展了苏维埃政权，强化了政党与民众之间的制度化联系；不仅为中华人民共和国成立后创建社会主义劳动体制、发展社会主义劳模运动积累了实践经验，更孕育形成苏区精神、井冈山精神、劳模精神等一大批党的伟大精神，丰富发展了中国共产党精神谱系。劳动竞赛不仅创造了巨大的物质财富，更建构起强大的精神力量。劳动竞赛充分调动起了苏区民众劳动生产的积极性，苏区民众将个体性劳动与无产阶级革命联结起来，同苏区政权的存续和发展绑定起来，如此，个体性劳动就超越了狭隘的个人利益边界，获得了政治属性和阶级使命。在此过程中，党借助劳动竞赛的技术性环节，如动员、表彰、奖励等，通过政党引领、民众参与、示范引领等形式孕育形成初步体现共产主义基本原则的观念形式，同时合作化运动的扩展进一步强化了苏区民众的互助意识和集体主义精神。共产主义劳动伦理随着苏区劳动竞赛的深入推广而逐步被构建起来，中央苏区成为新民主主义文化形态的建构场域。

新观念的建构原理与实现机制不仅可以在政治形态中去寻找，也可以在生产实践的劳动形态中去解释，只有融入和反映广大劳动群众生产实践的观念、价值和文化，才会具有旺盛的生命力和广阔的发展前景。中国共产党的一百年，是不断探索建构新文明形态的一百年，共产主义劳动伦理的政治建构是中共领导劳动竞赛的重要意识形态产品，也是理解新文明形态不可或缺的学术视角。2021年印发的《中国工运事业和工会工作“十四五”发展规划》提出“推动建立健全职工劳动和技能竞赛体系”的目标任务，这实际上是中国工会为发展新时代社会主义劳动伦理和劳动文化，为推动构建人类文明新形态而采取的务实行动。

第五章

劳模精神进入
中国共产党精神谱系

广大劳模铸就的劳模精神，生动诠释了中国人民具有的伟大创造精神、伟大奋斗精神、伟大团结精神、伟大梦想精神，充分彰显了以爱国主义为核心的民族精神和以改革创新为核心的时代精神，是中国共产党人精神谱系的重要组成部分。

——《人民日报》评论员文章，2021年9月22日

在建党百年之际，中国共产党将劳模精神纳入党的精神谱系中，在主体形态、价值形态基础上发展出劳模精神的政党形态，实现了劳模精神与马克思主义政党精神的双向互嵌与内在联结。从历史发生学角度看，劳模精神与苏区精神、井冈山精神同根同源，都是由同一社会历史场景形构而成的精神标识和精神样态。更为关键的是，中国共产党将马克思主义劳动政治理论同中央苏区劳动生产和政治革命实践有机地结合起来，推进马克思主义劳动观的中国化再造和话语创新，建构出中央苏区劳模精神，成为中国共产党精神谱系中第一个以劳动为主题的精神符号。劳模精神是中国共产党精神谱系的重要组成部分，具有穿越历史、跨越时空、观照当下、引领未来的重要意义，是中国共产党独立自主推进意识形态建设的典例。

一、劳模精神与党的精神谱系

在2021年以前的政治文献中，党中央对劳模精神的政治定位主要有以下几种类型：一是作为中国工人阶级的阶级精神和劳动群众的精神面貌。江泽民指出："我国工人阶级和各族劳动群众，充分发挥历史主动精神，在各自工作岗位上作出了辉煌的业绩，涌现出一大批劳动模范和先进工作者，他们的崇高思想和模范事迹，展现了我们的时代精神和工人阶级的精神风貌。"[①]二是作为社会主义核心价值观在社会劳动生产领域的具体表现形式。胡锦涛把劳动观纳入社会主义荣辱观的基本范畴，"以辛勤劳动为荣、以好逸恶劳为耻"；党的十八大报告将"敬业"作为劳模精神在社会主义核心价值观个人维度的具体呈现；习近平指出："'爱岗敬业、争创一流，艰苦奋斗、勇于创新，淡泊名利、甘于奉献'的劳模精神，生动诠释了社会主义核心价值观，是我们的宝贵财富和强大精神力量。"[②]三是作为民族精神和时代精神的重要内容和传播载体。2013年4月28日，习近平总书记在同全国劳动模范代表座谈时强调，劳模精神"丰富了民族精神和时代精神的内涵，是我们极为宝贵的精神财富"。几种类型各有侧重：一是主要从劳动主体——工人阶级和劳动群众的实践品格和创造精神来定位劳模精神；二是

① 江泽民：《在庆祝"五一"国际劳动节暨表彰全国劳动模范和先进工作者大会上的讲话》，《人民论坛》1995年第5期，第4—5页。

② 习近平：《在庆祝"五一"国际劳动节暨表彰全国劳动模范和先进工作者大会上的讲话》，《中国工运》2015年第5期，第4—7页。

主要从所属范畴——社会主义意识形态来阐释劳模精神；三是从民族精神和时代精神的高度阐释劳模精神的重大意义。三者殊途同归，皆为中国特色社会主义先进文化的具体展开形式。

2021年是中国共产党成立100周年。在建党百年的历史性时刻，党赋予劳模精神以第三重含义——中国共产党精神谱系的重要组成部分。2021年2月，在党史学习教育动员大会上，习近平总书记首次提出“中国共产党精神谱系”这一政治概念。2021年9月1日，《求是》杂志发表习近平总书记重要文章《党的伟大精神永远是党和国家的宝贵精神财富》。这篇文章集中收录习近平总书记关于党的伟大精神的36条重要论述，时间线索纵跨党的百年历史，其中第30条即为习近平总书记在2020年全国劳动模范和先进工作者表彰大会上关于劳动精神的重要论述。2021年9月29日，党中央批准了中央宣传部梳理的第一批纳入中国共产党精神谱系的伟大精神。劳模精神（劳动精神、工匠精神）赫然在列。这表明，在建党百年之际，党中央致力于将劳模精神从社会主义劳动文化形态“升格”为中国共产党的政党精神符号，从社会主义劳动文化范畴“升华”为中国共产党精神谱系的构成要素。劳模精神是中国共产党伟大精神的“延展”和“分支”①，是中国共产党精神谱系的重要组成部分和“具体坐标”②。劳模精神研究是当代中国马克思主义劳

① 王易：《中国共产党精神谱系的百年流变、精髓要义及赓续发展》，《马克思主义研究》2021年第5期，第23—34页。

② 陈晋：《中国共产党的“精神谱系”解读》，《中国井冈山干部学院学报》2016年第4期，第17—21页。

动文化建构的重要论题。

党中央提出“精神谱系”这一政治概念后，学界开始有意识地在“精神谱系”框架下对劳模精神再研究。这种研究范式可视为“劳模精神政治形态研究”的升级版，进一步凸显政党要素在劳模精神发育、建构和再阐释中的主体作用和政治功能，以此揭示劳模精神与中国共产党政党文化与执政理念的内在一致性。对上述问题的回答可以沿着两条思路推进：一是援引习近平总书记关于劳模精神的重要论述来阐释劳模精神与中国共产党精神谱系的关系[①]，但这种阐释思路实际上是一种宣传性解读，在学理分析上并不彻底；二是论证劳模精神与中国共产党精神谱系在价值维度上的契合性和一致性，即找到劳模精神与中国共产党精神谱系在价值要素上的“交汇点”“共同点”，然而价值要素的契合性与一致性何以可能？背后的深层次原因与依据是什么？该思路难以给出令人信服的答案。

有鉴于此，学界有必要在将劳模精神的研究视角从表层的宣传性解读、抽象的价值性分析转向结构化、过程性的历史实践分析中，把价值阐释与历史分析结合起来，开掘价值背后的历史性资源。这种研究视角实际上就是马克思主义唯物史观原理在劳模精神研究中的具体运用。马克思恩格斯在《德意志意识形态》中给出了“完整地描述事物”的技术路线，即“从直

① 李梦云：《中国共产党精神谱系的科学内涵》，《中国高校社会科学》2021年第4期，第92—101页。

接生活的物质生产出发阐述现实的生产过程，把同这种生产方式相联系的、它所产生的交往形式即各个不同阶段上的市民社会理解为整个历史的基础，从市民社会作为国家的活动描述市民社会，同时从市民社会出发阐明意识所有各种不同的理论产物和形式，如宗教、哲学、道德等，而且追溯它们的产生过程”[①]。一言以蔽之，对劳模精神进入中国共产党精神谱系“完整地描述”，必须回溯“历史的基础”，在中国共产党百年历史资源中分析劳模精神的“出场”理由、劳模精神的建构逻辑、劳模精神的政治意涵。鉴于“劳模精神的孕育，最早可以追溯到中央苏区时期”[②]，因此关于劳模精神何以进入中国共产党精神谱系的讨论，离不开对中央苏区时期劳模运动历史情境的回溯与分析。

二、劳动竞赛与劳模精神的历史性出场

中国共产党精神谱系是党在长期革命、建设和改革实践中逐步积累、建构形成的政党文化、价值符号和政治伦理的总和，是政党组织形态中最深厚、最稳定、最核心的意识形态要素，“一个政党如果没有意识形态，它就没有存在的根基，而

① 《马克思恩格斯文集》（第1卷），北京：人民出版社2009年版，第544页。

② 孙凡：《略论劳模精神的孕育传承和发扬光大——兼谈新时代劳模精神研究的重要任务》，《理论导刊》2018年第5期，第18—21页。

且在政治环境中不能完成任何任务”[①]。同样的道理，一个政党如果没有精神滋养和信仰支柱，就会迷失方向，失去灵魂，丧失前途。中国共产党始终高度重视意识形态资源的开发及其整体性建构，在百年历史实践中逐步建构起以伟大建党精神为源头的宏大精神谱系。中央苏区是中国共产党局部执政的首次尝试，也是党精神谱系建构的重要时空场域。劳模精神诞生于中央苏区，与井冈山精神、苏区精神同根同源，具有共同的社会历史与政治实践基础。劳模精神在中央苏区孕育形成，从此进入中国共产党精神谱系中，成为中国共产党的政党精神在社会劳动生产领域的价值性表达。劳模精神之所以在中央苏区“出场”，与中国共产党推进社会劳动实践形态转型、构建新型劳动观念有着直接关系。

（一）政治革命的劳动指向

一个政权能否有效维系和长期存在，离不开两个“硬件”条件的支撑：一是武装，二是物质。军事武装是维护政权安全性的根本保障，物质生产是政权确保统辖范围内人民生活获得有效保障的根本措施。社会逻辑决定政治逻辑。一个政权如果不能在物质上满足人民的需要，就不可能在政治上获得人民的支持。与此同时，物质生产也为军事斗争准备和武装集团建设提供了有力的硬件支持。在此意义上，劳动生产的意义已经远远超出价值

① 〔美〕理查德·S.卡茨等：《政党政治研究指南》，南京：江苏人民出版社2020年版，第742页。

增殖的限度，它是政治系统得以存续和发展的基本前提。正如马克思恩格斯在《共产党宣言》中所指出的，无产阶级在夺取政权后，将“把一切生产工具集中在国家即组织成为统治阶级的无产阶级手中，并且尽可能快地增加生产力的总量”[①]。

中央苏区是党在探索“农村包围城市，武装夺取政权”过程中所创建的第一个局部执政政权，这个政权具有“政治国家”的雏形，是土地革命的大后方、大本营。劳动生产的政治意义不仅可以在马克思主义作家的经典体系中得到理论上的证明，有组织、高效率的劳动生产更是党有效应对敌人封堵、确保红色政权长期存在的根本路径，劳动生产直接关系到红色政权的生死存亡。毛泽东一语中的：“红军一方面要打仗，一方面又要筹饷。每天除粮食外的五分钱伙食费都感到缺乏，营养不足，病的甚多，医院伤兵，其苦更甚。这种困难，在全国总政权没有取得以前，当然是不能免的”，“边界党如果不能对经济问题有一个适当的办法，在敌人势力的稳定还有一个比较长的期间的条件下，割据将要遇到很大的困难。这个经济问题的相当的解决，实在值得每个党员注意”[②]。

劳动本质上就是改造自然的过程，以使外在于人的自然能更好满足人的生存发展需求，因此满足自我需求就成为个人从事劳动生产的出发点和最大动因。在反动势力四面包围的情况

① 《马克思恩格斯文集》（第2卷），北京：人民出版社2009年版，第52页。

② 《毛泽东选集》（第1卷），北京：人民出版社1991年版，第53页。

下，苏区物资供应面临巨大挑战。党必须最大限度地激发个体性劳动的意愿、热情与能力，组织起支撑前线战事、民生改善和政权巩固的劳动大军，以解苏区物资短缺、资源匮乏之难题。可见，中国革命不仅是军事斗争问题，还包含着如何激发群众投身劳动生产的重要指向，劳动生产必须与军事斗争相互配合，单纯的军事观点是错误的。为此，党以土地革命为总牵引，提出依靠贫农、雇农，联合中农，限制富农，消灭地主阶级，变封建土地所有制为农民土地所有制的土地革命路线，使土地这一最重要的生产资料回归到农民手中，从根本上解决了农民劳动生产的后顾之忧，最大限度地激发农民参与经济建设的积极性。

（二）劳动竞赛与新劳动观形成

让农民获得土地，解决的是“为谁劳动”的问题。但如何提高劳动生产率仍有待破题。为此，中国共产党以劳动竞赛为组织载体，构建共同但有区别的劳动激励机制，从而形成以解决生产资料所有权问题与构建劳动激励机制相结合的苏区劳动动员总体框架。劳动竞赛的首要目的在于最大限度地释放苏区产能，增加劳动生产能力总量。1932年8月，江西省职工联合会提出，中央苏区的国家企业应当努力增加生产，“在这两个月内生产要超过以前的10%，节省材料，生产完美优良，组织义务劳动”[①]。劳动竞赛肇始于农业生产领域，而后逐步扩展到

① 姚荣启：《中国劳模史（1932—1979）》，北京：中国工人出版社2020年版，第10页。

国家工厂、手工业者和党政机关等战线，成为构建苏区全民劳动生产体制的核心要素。

劳动竞赛对苏区生产力发展的关键支撑作用是通过四种路径来实现的：一是降低成本，勤俭节约。苏区11个机关职工签署竞赛条约，承诺在劳动竞赛期间节省工资津贴、每人每天节省二两米和一铜元、节省办公费。二是改良与革命生产技术。劳动生产力的提高归根结底要靠技术革命，变革生产工艺是在劳动竞赛中取胜的法宝和武器。1934年6月26日，《红色中华》刊发的《我们是苏维埃的主人，我们是为自己劳动》一文写道："这里我们有好多模范的工友，他们不断地研究生产技术的发明。现在，他们已经发明了两件军用品，试验的结果（效果）非常灵（好），而且还可以节省大批的材料。"[①]三是组建互助型劳动生产组织。劳动生产组织形式是劳动关系的基本范畴，对其作出必要调整有助于促进劳动生产力发展。毛泽东指出："很多的地方组织了劳动互助社和耕田队，以调剂农村中的劳动力"，"劳动互助社和耕田队的组织，在春耕夏耕等重要季节我们对于整个农村农民的动员和督促，则是解决劳动力问题的必要的方法"[②]。四是发挥党团、工会的政治动员优势。由工厂生产会议提出劳动竞赛方案，以政治觉悟高、生产技术好的党团员组成生产模范队、模范支部等，"以此带动班

① 姚荣启：《中国劳模史（1932—1979）》，北京：中国工人出版社2020年版，第11页。

② 《毛泽东选集》（第1卷），北京：人民出版社1991年版，第131—132页。

组与班组、个人与个人之间的竞赛"[①]，这进一步扩大了劳动竞赛的影响力，为劳动竞赛树立了标杆。

劳动竞赛作为一项劳动激励机制，不仅最大限度地激发了个人劳动意愿和热情，还增加了国家工厂生产力总量，在很大程度上缓解了中央苏区的物资紧张问题。更为重要的是，劳动竞赛培育造就和发现了一大批劳动模范和劳动英雄，他们身上显示出一种全新的劳动观念。劳动模范和劳动英雄是苏区劳动竞赛的胜出者，是劳模精神的人格化身。在中国传统文化中，"日出而作，日落而息"的劳动生产维系着家族的血脉和存续，劳动是家族成员的共同义务；在西方思想认识中，劳动是维系资本运动和扩大再生产的必要条件，劳动创造财富和价值。这种新型劳动观念有别于为了单纯地赚取利润而生产；也有别于为了养家糊口而生产，这种新型劳动观念"是为着供给战争，为着供给农工大众的需要，为着创造人类最大的幸福而生产"，"他们用了新的态度来对待新的劳动，他们感觉到现在是为着自己而工作了，很大地发挥了他们的劳动热忱"[②]。中央苏区劳模精神的核心要义，在于巩固和维护红色政权而开展协作性、集体性和创造性劳动。作为一种新型劳动观，劳模精神始终把阶级利益和政权利益摆在首位，突出劳动的公共理性、集体主义、创新精神和战略价值，强调劳动的国家属性、

① 蒋自饶，刘仲英：《中央苏区的劳动竞赛》，《江西社会科学》1991年第6期，第90—94页。

② 《刘少奇选集》（上卷），北京：人民出版社1981年版，第20页。

人民属性和革命属性，这与马克思主义政党的政治追求以及中国共产党的革命理念高度一致。

总而言之，党在中央苏区塑造出全新劳动动员体制的同时，也建构出劳模精神这一无产阶级的新型劳动观念。这种新型劳动观念从此进入中国共产党精神谱系中，跨越历史的长河，成为党从胜利走向新的胜利的强大精神力量，成为新时代劳模精神的“思想源头”。

三、劳模精神与马克思主义劳动政治观的中国化

作为中国工人阶级的先锋队，中国共产党与社会劳动生产实践及其文化形态有着天然的联系。这缘于无产阶级革命的政治目标就是实现工人阶级在劳动上的解放，工人国家就是无产阶级劳动解放的政治形式。然而，在中国共产党精神谱系排序中，与中国共产党具有天然联系的劳动文化形态“出场”的历史时序相对要晚一些①，土地革命战争时期是劳模精神出场的历史时序，甚至还有一些学者将劳模精神的时序排位列在改革开放以后②。我们认为，劳模精神的“出场”时机，与社会劳动生产实践所蕴含的政治意义的外显化程度不无关系。揭示劳

① 即便学界普遍认为劳动运动肇始于中央苏区时期，劳模精神孕育也形成于中央苏区时期，但既有文献显示，中共中央并没有对中央苏区劳模精神的内容要素和理论内涵作出全面、系统的阐释。

② 王易：《中国共产党精神谱系的百年流变、精髓要义及赓续发展》，《马克思主义研究》2021年第5期，第23—34页。

模精神与中国共产党精神谱系的关系，必须准确把握劳模精神的中国特色和民族特色。

（一）对资本主义劳动异化的超越

在西方经济思想史中，劳动通常被释义为资本运动的“助推器”，剩余价值生产的“动力源”。劳动联结财富，劳动创造价值。正如以亚当·斯密为代表的古典经济学家所给出的解释一样，劳动类型的精细化、专业化促进了社会生产力的跃升，熟练、技巧和判断力是劳动能力的表现形式，随着劳动简化和缩减劳动机械的发明，人们在相同时间内创造出更大价值将成为可能[①]。“劳动创造财富”是西方经济学理论叙事的主题，牛顿主义的均衡方法、给定约束下的最优化以及个人至上主义是西方经济学的方法特征[②]。西方经济学家所思考的核心问题是，如何使有限的资源实现最大化利用、产生最大化效用。这一理论叙事的线性传统被马克思恩格斯彻底打破。

马克思和恩格斯在政治经济学研究中，发现了一个耐人寻味的现象：劳动者越劳动，反而越贫困。作为劳动产品的生产者、创造者，劳动者不仅不能占有劳动产品，反而沦为了劳动

---

① 李井奎：《经济学中的劳动分工——一场经济思想史的旅行》，《学术月刊》2015年第10期，第79—87页。

② 蔡之兵：《从西方经济学转向中国特色社会主义政治经济学的五层理论阶梯》，《江淮论坛》2020年第5期，第49—57页。

产品的奴隶，被劳动产品所控制，“工人创造的商品越多，他就越变成廉价的商品。物的世界的增值同人的世界的贬值成正比。劳动生产的不仅是商品，它还生产作为商品的劳动自身和工人，而且是按它一般生产商品的比例生产的”①。在资本主义雇佣劳动体制下，工人通过劳动生产商品的过程也是将自己塑造成为“劳动商品”的过程，这就是劳动的异化。劳动对工人来说只不过是一种谋生的手段，一种外在的东西。作为人的本质规定性的劳动同人本身相分离，人在劳动中不是获得幸福，而是感到不幸；不是促进自己的智力和身体发育，而是摧残自己的精神和肉身。劳动异化的根源在于生产资料的私人占有形式，这是马克思以前的国民经济学家所看不到的，“国民经济学由于不考察工人（劳动）同产品的直接关系而掩盖劳动本质的异化”②。

生产资料私有制所制造的异化劳动，是无产者越劳动反而越贫穷的根本原因。马克思恩格斯认为，彻底摆脱这一局面的根本出路就在于无产阶级联合起来，通过强有力的暴力革命，摧毁生产资料私有制以及维护私有制的政治体制和意识形态。在《共产党宣言》中，马克思恩格斯给出了无产阶级革命的“两步走”战略：1.通过政治革命夺取政权，使无产阶级成为国家统治阶级，组建无产阶级专政政治国家；2.无产阶级利用

① 《马克思恩格斯文集》（第1卷），北京：人民出版社2009年版，第156页。
② 《马克思恩格斯文集》（第1卷），北京：人民出版社2009年版，第158页。

在政治上的统治优势将生产资料收归无产阶级政治国家所有，使生产资料回归到无产阶级手中，以政治国家的名义组织开展计划性、协作性的社会劳动，将劳动纳入国民教育体系，促进社会生产力发展。此时的政治国家已经丧失了“用一个阶级压迫另一个阶级”的性质，“工人国家”作为一种新型政治国家，在消灭资产阶级生产关系的同时，“也就消灭了阶级对立的存在条件，消灭了阶级本身的存在条件，从而消灭了它自己这个阶级的统治”[①]。因此也就在根本上消灭了“异化劳动”的社会历史条件和政治制度基础。这就是马克思主义的劳动政治原理。

（二）劳动的国家性：马克思主义劳动政治观的话语创新

无产阶级国家的政治设计既是一种制度创造，又是一种全新的政治文明观。其核心要义在于，工人阶级不再是资本主义政治经济体制下的被统治阶级，而是上升为政治国家的主人、社会劳动的主人和自身命运的主人，他们从国家政治生活的边缘地带进入国家政治议程的核心领域。工人与国家所发生的各种关联和互动，在一般意义上凸显出现代政治的“国家性”[②]。此时，劳动生产作为工人与国家发生关联和互动的最基本形式和最重要的实践形态，其政治意义与价值功能已经远

① 《马克思恩格斯文集》（第2卷），北京：人民出版社2009年版，第53页。

② 陈周旺：《国家、工人与认同斗争：回溯至马克思》，《复旦学报（社会科学版）》2015年第2期，第142—147页。

远超出西方经济学意义上“劳动对利润的片面追求”，相反地，劳动生产实践具有了“国家性”。随着无产阶级在政治上成为统治阶级，无产阶级的劳动生产既是劳动作为人的本质力量的展现，是人的本质的复归；同时无产阶级的劳动生产与工人国家的社会生产实现了逻辑归一，劳动生产不仅仅是为了满足个体需求，更为重要的是，劳动具有了支撑政权、改善民生、促进人的全面发展的政治意义。因此，共产党经济学的理论主题就由“劳动创造财富”转向为“实干兴邦”，正如习近平总书记指出的：“社会主义是干出来的，幸福是奋斗出来的。”[①]

共产党国家所构建出来的新政治文明观对劳动生产的理解已经远远超出“劳动创造财富”的工具性维度，其理论视域已经拓展到对工人国家政权巩固和无产阶级劳动解放的价值性维度。中央苏区劳模精神是党构建的第一个“劳动生产型”的政党精神。劳模精神进入中国共产党精神谱系中，固然与中央苏区劳动竞赛体制下劳动模范和劳动英雄的创造性劳动有关，但这也仅是劳动精神“出场”的社会历史场景而已。更为重要的是，中央苏区劳动竞赛的胜出者集中体现出一种全新的劳动政治观，即将生产劳动与阶级解放、工农专政和政治革命联结起来。并且，中国共产党将劳动叙事及其话语形态吸纳到新民主主义革命的政治叙事及其意识形态创新进程之中，实现了马克思主义劳动政治观的中国式出场与话语创新。

① 李喆：《习近平总书记“社会主义是干出来的”伟大号召的两个维度探析》，《宁夏党校学报》2019年第4期，第23—27页。

中央苏区劳模精神的建构，为此后劳模精神的进一步发展奠定了一个重要传统，那就是在中国共产党的政治实践进程中定义劳模精神，将劳模精神的阐释基点从“财富创造”的工具性维度提升到“强党兴国”的价值理性高度。1950年，毛泽东在全国战斗英雄和劳动模范代表会议上进一步指出劳动模范对新生政权的“支柱性”意义，劳动模范“是全中华民族的模范人物，是推动各方面人民事业胜利前进的骨干，是人民政府的可靠支柱和人民政府联系广大群众的桥梁”[①]。习近平是从坚持和发展中国特色社会主义，实现中华民族伟大复兴的战略高度来定位和评价劳动模范的，劳动模范是民族的精英、人民的楷模，是共和国的功臣[②]。劳模精神，是中国共产党将马克思主义劳动政治观同中央苏区劳动生产实践相结合，而创造的第一个以劳动为主题的政党精神。劳模精神与马克思主义劳动政治观在思想主题上高度契合，是伟大建党精神在社会劳动生产领域的延续和展开。这就为我们理解劳模精神、劳动精神、工匠精神的关系提供了一个重要视角：劳模精神是共产主义劳动伦理在社会主义初级阶段的具体表现形式，社会主义劳动精神和大国工匠精神均由劳模精神派生出来，也是劳动精神和工匠精神的综合体现，“劳模精神除了具备基本劳动素养和专业劳动素养之外，还要兼具价值性劳动素养，也就是具有信仰坚

① 《毛泽东文集》（第6卷），人民出版社1999年版，第95页。

② 全国总工会课题组：《深入学习贯彻习近平总书记关于工人阶级和工会工作的重要论述》，北京：中国工人出版社2021年版，第116页。

定、胸怀全局、担当奉献、引领示范等精神品质”①。

综上所述，劳模精神在中国共产党精神谱系中占据一席之地的根本原因在于，中国共产党实现了对马克思主义劳动政治观的中国式再造。党对于劳动的理解并没有限定在“劳动创造财富”的狭窄视界内，而是从政权安全、政治革命、民生改善等战略性维度来构建新型劳动观念、创新劳动叙事话语的，而劳模精神就是结果之一。劳动模范是劳动竞赛的胜出者，他们身上所展现出的国家意识、政治责任、创造精神、勤勉作风、人民立场，是共产主义劳动伦理的生动写实，它与马克思主义政党精神和中国共产党政治文化高度一致。随着劳动竞赛模式的推广和劳模运动的进一步发展，劳模精神在动员群众、引领群众、激励群众等方面的政治功能逐步显现。因此有理由说，劳模精神是中国共产党创立和运用的一种社会动员方法，是中国共产党把群众组织起来的强大精神力量，是社会主义现代化国家建设的重要思想资源。劳模精神诞生于苏区时期，其精神伟力穿越历史的时空，历久弥新，影响深远。

---

① 彭维锋：《新时代劳模精神、劳动精神、工匠精神的理论内涵与实践导向》，《江西社会科学》2021年第5期，第208—217页。

第六章

劳模精神的力量：改造“二流子”的延安实践

批判的武器当然不能代替武器的批判，物质的力量只能用物质的力量来摧毁；但是理论一经掌握群众，也会变成物质的力量。

——马克思《黑格尔法哲学批判》导言，1844年

政党意识形态具有政治阐释和社会动员双重功能。中国共产党在中央苏区时期建构了劳模精神，将劳模精神纳入中国共产党精神谱系的历史实践充分表明，劳动生产实践不仅具有物质性意义，还具有新思想、新观念的建构性意义。中国共产党深入挖掘劳模精神的意识形态功能，将其作为再造共产主义新人、构建新民主主义文化、传播马克思主义劳动观的思想武器。延安时期，中国共产党对“二流子”的政治性改造及其创造性实践，使一大批位于社会边缘地带的“二流子”转变为自食其力的劳动者，甚至还有不少人成为边区的“劳动模范”和“劳动英雄”，这为我们深入理解中国共产党意识形态再生产机制及其政治过程提供了重要视角。劳模精神不仅是改造客观世界的强大精神力量，也是改造人的主观世界的强大思想武器。

一、改造对象及其阶级身份

延安时期是中国新民主主义革命的重要时期。陕甘边区是

党历经长征、落脚西北后的政治实践场域，一系列开创性制度设计（如政治方面的“三三制”，经济方面的“合作化”，社会动员方面的“大生产运动”等），为党站稳脚跟、扩大影响、巩固统一战线奠定了坚实基础，也为1949年中华人民共和国成立后的社会主义建设实践积累了宝贵经验。其中，党对“二流子”的创造性改造实践极具政治智慧，改造“二流子”亦成为延安时期中国共产党执政实践的重要组成部分。经此实践，党建构共产主义意识形态的技术和能力得到大幅提升，培育新人的原则性与灵活性在实践中实现了高度统一。

延安时期党对“二流子”的政治改造是中共党史研究的重要议题，已有研究成果对改造“二流子”的政治实践形成了三种理解范式：第一，作为社会动员机制。“二流子”是控制乡村社会的最后一道堡垒，对这类群体进行政治改造，本身就是推动中国共产党政治权威和组织网络进入乡土社会的关键环节[①]。第二，作为个体改造机制。党对“二流子”的改造，体现了作为民族解放运动中流砥柱的先锋队政党如何摆脱农民阶级消极保守性的努力和尝试，成功建构出“身份—角色”的个体改造机制[②]。第三，作为典型教育机制。改造“二流子”是运用典型示范方法在基层社会中建立马克思主义意识形态领导

---

① 阎颖：《中共社会动员的成功经验——论陕甘宁边区二流子改造运动》，《湖北社会科学》2007年第1期，第41—43页。

② 王建华：《乡村社会改造中“公民塑造”的路径研究——以陕甘宁边区发展劳动英雄与改造二流子为考察对象》，《江苏社会科学》2008年第4期，第165—172页。

权的成功个案，从而将政治革命、生产革命与思想革命有机地统一起来，为中华人民共和国成立后开展更大规模的典型示范教育积累了经验[①]。总体观之，既有研究都不同程度地注意到中国共产党改造“二流子”的价值理性和技术手段，都尝试在中国革命的宏大时空背景下，揭示改造“二流子”的政治意蕴和社会意义。

“二流子”是中国共产党对那些不从事劳动生产且对社会秩序和群众利益构成消极性影响的特定群体而使用的指代性术语和统称。这些人具有共同的特点，如没有职业、不务正业、好吃懒做、烟瘾成性、坑蒙拐骗、坏事做尽，因此也被群众称为“地痞”“流氓”“二流答瓜”等。“二流子”属于社会边缘群体，如果以是否拥有生产资料作为划定阶级身份的依据，那么他们显然位于“无产者”的社会群体序列。这里就存在一个看似“悖论”的问题：既然“二流子”位于无产阶级的社会群体序列中，而无产阶级又是中国革命的主导性力量，那么“二流子”为何又被定义为被革命、被改造的对象呢？这就触及马克思主义阶级理论中的一个核心问题——如何看待“无产阶级”的内在构成与结构关系。正如马克思分析法兰西阶级斗争时所指出的，法国资产阶级内存在显著的层次性结构：与封建贵族势力联系最紧密的大金融资产阶级在政治上具有保守性和反动性，而新兴资产阶级、小资产阶级则在革命问题上持激

① 孙云：《典范教育与新人再造——抗战时期延安边区二流子改造运动再认识》，《党史研究与教学》2018年第2期，第53—60页。

进立场。可见，任何一个阶级都不可能是整齐划一、平面化的。在阶级内部会由于占有生产资料的多寡、同其他阶级的政治—历史联系等因素而呈现出层次性、结构化特点，无产阶级也不例外。

现代无产阶级与工人阶级是同义语。马克思恩格斯指出，现代无产阶级是由资本主义生产方式所制造出来的社会阶级，这个社会阶级以出卖自己的劳动力为生，除此之外一无所有。而劳动力这种商品的特殊性在于，当工人开始劳动的时候，劳动即与生产资料相结合，劳动及其成果就不再属于工人了，“工人出卖的是他的劳动力。当工人的劳动实际上开始了的时候，它就不再属于工人了，因而也就不能再被工人出卖了”①。现代无产阶级的出现是资本逻辑推动现代社会解体的必然结果，“它表明人的完全丧失，并因而只有通过人的完全恢复才能恢复自己本身。社会解体的这个结果，就是无产阶级这个特殊等级”②。因此，无产阶级的解放是人类解放的前提和条件。在这个意义上，马克思恩格斯将无产阶级定义为推动人类解放和劳动解放的历史进步性力量。

这里的“无产阶级”是在资本主义社会阶级结构“极化”条件下形成的无产阶级，“资产阶级时代，却有一个特点：它使阶级对立简单化了。整个社会日益分裂为两大敌对的阵营，

① 《资本论》（第1卷），北京：人民出版社2004年版，第615页。

② 《马克思恩格斯文集》（第1卷），北京：人民出版社2009年版，第17页。

分裂为两大相互直接对立的阶级：资产阶级和无产阶级”[①]。因此，作为推动人类解放和劳动解放的历史进步性力量的无产阶级，是同资产阶级完全对立的整体性社会阶级概念。马克思恩格斯的理论贡献在于，他们在赋予无产阶级以历史进步性和政治革命性意涵的同时，也看到了这个整体性社会阶级内部存在的张力和差异性可能。即无产阶级内部存在着一定数量的对革命持怀疑和抵制态度、非革命，甚至反革命的群体，马克思恩格斯将其概念化为“流氓无产阶级”。马克思恩格斯在《共产党宣言》中清晰地界定了“流氓无产阶级”的内涵：“流氓无产阶级是旧社会最下层中消极的腐化的部分，他们在一些地方也被无产阶级革命卷到运动里来。但是，由于他们的整个生活状况，他们更甘心于被人收买，去干反动的勾当。”[②]在《路易·波拿巴的雾月十八日》中，马克思详细指明了流氓无产阶级群体的特定范围，“流氓、退伍的士兵、释放的刑事犯、脱逃的劳役犯、骗子、卖艺人、游民、扒手、玩魔术的、赌棍、私娼狗腿、妓院老板、挑夫、下流作家、拉琴卖唱的、拣破烂的、磨刀的、镀锡匠、叫化子，一句话，就是随着时势浮沉流荡而被法国人称作labohème〔浪荡游民〕的那个五颜六色的不固定的人群”[③]。

---

① 《马克思恩格斯文集》（第2卷），北京：人民出版社2009年版，第32页。

② 《马克思恩格斯文集》（第2卷），北京：人民出版社2009年版，第42页。

③ 《马克思恩格斯全集》（第8卷），北京：人民出版社1961年版，第173—174页。

在中国革命语境下，“二流子”是无产阶级内在结构的异质体。“二流子”尽管位于社会阶级结构的边缘地带，但规模数量却不容小觑。据统计，1937年以前，总人口不到3000人的延安市就有流氓、地痞近500人，占总人口的16%；若以延安县的流氓比率来推算全区，则“二流子”的人数多达7万[①]。更为重要的是，“二流子”掌握着大量乡村社会资源，操控群众的认知标准和行动方向，比如“二流子”的典型代表——巫神通过神话故事与主观臆断，构建了解释世界的一种范式，并在一定程度上成为观念世界的操纵者[②]。由此可见，延安时期被称为“二流子”的社会群体，实际上就是马克思阶级语境中的“流氓无产阶级”。

尽管“流氓无产阶级”是无产阶级内在结构的一种特殊类型，但它与“无产阶级”概念之间保持着一定的距离。“流氓无产阶级”是社会渣滓和腐朽势力的代名词，他们不具有任何意义上的进步性，不具有推动人类进步和社会变革的革命主体性，甚至对共产主义革命具有解构和破坏作用，他们“能够作出轰轰烈烈的英雄业绩和狂热的自我牺牲，也能干出最卑鄙的强盗行径和最龌龊的卖身勾当”[③]。正如有学者所指出的：“马克思对流氓无产阶级的评价主要是负面的，几乎没有提到

① 中国财政科学研究院：《抗日战争时期陕甘宁边区财政经济史料摘编》（第2编农业），武汉：长江文艺出版社2016年版，第518页。

② 王建华：《中国革命的乡村道路》，北京：中央文献出版社2019年版，第223页。

③ 《马克思恩格斯文集》（第2卷），北京：人民出版社2009年版，第95页。

流氓无产阶级成为革命主体的可能性。”[①]延安时期，中国共产党对“二流子”的政治改造，基于中国本土实践经验进一步在理论上和实践上回答了流氓无产阶级能否获得无产阶级革命主体性这一重大问题。

二、填充革命主体性空位

中国共产党是一个以马克思主义为政治信仰、以共产主义为社会理想的无产阶级先锋队政党。现代政党总能在意识形态光谱中锁定其存续的方位，政党是意识形态“实践化”的组织机构和政治主体。无产阶级意识形态建构不仅是中国共产党党建的内在要求，更是决定中国革命能否取胜的关键性因素。早在井冈山时期，毛泽东就十分重视红军队伍中的思想改造问题。针对红军中存在的单纯军事观点、极端民主化思想、非组织观点、绝对平均主义观念、主观主义和个人主义、流寇思想等非无产阶级思想，毛泽东指出：“红军第四军的共产党内存在着各种非无产阶级的思想，这对于执行党的正确路线，妨碍极大。若不彻底纠正，则中国伟大革命斗争给予红军第四军的任务，是必然担负不起来的。”[②]由此可见，在党的革命方略中，思想改造的意义在于赋予革命主体

① 夏莹，邢冰：《论“流氓无产阶级”及其在当代哲学语境中的嬗变》，《探索与争鸣》2019年第2期，第47—57页。

② 《毛泽东文集》（第1卷），北京：人民出版社1993年版，第78页。

以真正的、纯粹的无产阶级的阶级意识。只有在观念上唤醒无产阶级，无产阶级才能成为真正意义上的革命阶级，成为自觉自为的历史主体。

通常来说，党的意识形态建构策略主要有组织化改造和社会化传播两种路径：第一种路径主要面向党内，即通过党的组织网络，用好“思想建党”这一制度优势，再通过党的多样化、组织化政治教育活动实现对共产党员的思想改造；第二种路径主要面向普通群众，运用社会传媒工具和手段（如报刊、学校、社团、广播等）推进无产阶级意识形态大众化。上述两种路径殊途同归，都是由外及内地向特定对象“输入”无产阶级的阶级意识，从而实现对共产党员和人民群众的无产阶级思想改造和观念重塑。这是在一个工业化水平不高、工人阶级发育不充分、社会经济文化相对落后国家进行无产阶级革命的客观要求。列宁将这种思想改造策略称为“灌输”，“工人本来也不可能有社会民主主义的意识。这种意识只能从外面灌输进去”①。

延安时期，中国共产党改造“二流子”的政治实践开辟出了一条有别于“灌输”的意识形态建构模式，即把劳动生产实践引入无产阶级意识形态生产机制中，实现了无产阶级意识形态的内生性再造，从而将“二流子”改造成为具有无产阶级意识的“革命新人”，解决了马克思预留的关于革命主体性空位

①　《列宁选集》（第1卷），北京：人民出版社2012年版，第317页。

何以填补的问题。

（一）缘起与动因

改造“二流子”是延安时期党的社会政策的一项重要内容。党之所以下决心将这一社会边缘群体纳入边区政府社会政策议程，并作为新民主主义革命的一项政治性任务，有着深刻的现实动因和深远的战略考量。

从现实动因看，“二流子”作为一个独立的群体，尽管存量有限，但社会影响力与政治危害性极大。其一，“二流子”的存在与建设新社会的理念格格不入。党所致力于建立的新社会是以共产主义道德原则为基石的文明社会，“共产主义是无产阶级的整个思想体系，同时又是一种新的社会制度。这种思想体系和社会制度，是区别于任何别的思想体系和任何别的社会制度的，是自有人类历史以来，最完全最进步最合理的”[①]。显然，“二流子”这类“勾结坏人，破坏社会秩序”[②]的社会底层分子，与共产党致力于构建的新文明社会在价值理念上背道而驰。其二，改造“二流子”是调剂劳动力的重要手段，有助于发展生产，巩固边区经济基础。改造“二流子”的直接结果是使“坏人”变成好人，经过改造后的“二流子”成为边区劳动生产力的重要补充。正如毛泽东所说：“动员‘二

① 《毛泽东选集》（第2卷），北京：人民出版社1991年版，第686页。

② 王丕年：《谈农村二流子》，《解放日报》1943年6月4日。

流子’参加生产，不但增加了劳动力，而且消灭了坏人坏事，取得了人民的拥护，巩固了社会的安宁。”[①]从战略考量来看，集中力量改造“二流子”，体现了我们党一贯重视无产阶级意识形态建构的优良传统，是党的群众组织力和思想引领力的重要体现；同时也符合延安时期巩固和扩大抗日民族统一战线的政治需要。“二流子”作为一个摇摆性的社会阶层，“破坏有余而建设不足”，但仍“有参加革命的可能性”[②]，只要改造得法，仍然可以作为抗日民族统一战线和无产阶级革命同盟军的一部分。

（二）策略与方法

延安时期，中国共产党对“二流子”的政治改造模式有别于单向度的意识形态灌输，而是创造性地采取了“劳动改造”策略，即通过将“二流子”引导到边区劳动责任分工体系下，赋予“二流子”一定的劳动义务，规定“二流子”明确的生产责任，从而在经济生产和劳动实践中实现对“二流子”意义世界和价值系统的革新与再造。

不同于以往的思想改造运动，党之所以借助劳动实践这一载体对“二流子”进行改造，主要是基于对“二流子”在边区劳动生产关系中的位置判定的。党中央认为，判断一个人是否

① 中国财政科学研究院：《抗日战争时期陕甘宁边区财政经济史料摘编》（第2编农业），武汉：长江文艺出版社2016年版，第478页。

② 《毛泽东选集》（第2卷），北京：人民出版社1991年版，第646页。

是“二流子”，最重要的评判尺度就是看其是否在生产关系中占据一定的劳动地位，“完全无正当职业而靠不良行为（如偷人、嫁汉、招赌博、贩卖违禁品、拐骗、做巫神、当师婆、胡挖乱抓，只要能作为生活手段，汉奸特务也干……）维持生活者为二流子”。[①]也就是说，游离于社会生产系统以外，不以正当性劳动为生是“二流子”产生的制度性原因，他们是“旧日寄生意识的残余”[②]。因此，对“二流子”的改造必须坚持“靶向治疗”“精准发力”，将其从生产系统之外拉回到社会生产体系之中。通过培养劳动观念、强化劳动责任、训练劳动能力，将“二流子”改造成为自食其力的劳动者，这也是割除其“寄生观念”的根本之策。

首先，借助政治权威和边区政府的合法性地位，将“二流子”从游离于社会生产体系之外拉回到边区劳动生产体制内。中国共产党引导“二流子”进入社会生产体系时，采取劝说和强制相结合的方式，并将此方式通过法规形式确定下来，被纳入边区政府社会劳动政策框架之中。1943年，《陕甘宁边区优待移民难民垦荒条例》第十六条规定：“如移难民中，有不事生产之‘二流子’，乡政府应予以更多的教育说服，必要

① 中国财政科学研究院：《抗日战争时期陕甘宁边区财政经济史料摘编》（第2编农业），武汉：长江文艺出版社2016年版，第522页。

② 中国财政科学研究院：《抗日战争时期陕甘宁边区财政经济史料摘编》（第2编农业），武汉：长江文艺出版社2016年版，第519页。

时即予以强迫，务使其参加劳动。”[①]“二流子”进入苏区劳动生产体系后，党对其采取了强有力的引导、教育和规约，这主要是通过与“二流子”签订生产计划，监督其劳动生产来实现的。

其次，帮助“二流子”解决生产困难。由于“二流子”长期游离于社会劳动系统之外，他们在主观上不具有劳动生产的主动意识和自觉精神，在客观上也缺乏劳动工具和劳动技能。为了在引导“二流子”进入社会劳动系统的同时，帮助其解决生产实践中遇到的具体困难，边区政府还举办生产训练班，开展木工、铁工、皮工等相关生产技能训练，帮助“二流子”掌握劳动技能。如“清涧石咀驿区三乡赵家沟的两个二流子，穷得什么也没有，为了改造他们，村长帮助他们找掌柜去揽工，并发动群众调剂十垧土地给他们种。环县东区一乡二流子赵彦岐，政府给他调剂了土地、农具、籽种，有牛的人家又和他变工，他的生产热忱便提高了，种了五十多亩地”[②]。

再次，构建“二流子”强制劳动的规约性机制。对于某些“二流子”在劳动态度上的消极立场和顽固抵制倾向，只靠一般性的思想号召和道德倡导难以奏效，党通过建立强有力的规训机制实现了对“二流子”劳动实践的全方位监督。在福柯看

---

① 中国财政科学研究院：《抗日战争时期陕甘宁边区财政经济史料摘编》（第2编农业），武汉：长江文艺出版社2016年版，第483页。

② 中国财政科学研究院：《抗日战争时期陕甘宁边区财政经济史料摘编》（第2编农业），武汉：长江文艺出版社2016年版，第526页。

来，监督本身就是生产要素之一，它是强化劳动者与生产工具有机联系的必要环节，是生产空间中自上而下的动员方式，“规训强制在肉体中建立了能力增强与支配加剧之间的聚敛关系”[①]，纪律规约有助于强化劳动者对劳动生产体系的黏性，从而使劳动主体逐步生发出对生产政体的敬畏感以及对劳动伦理的尊崇感。

具体来说，党对“二流子”劳动实践的约束和监督包括两个方面：一是签订生产计划，实行劳动责任制，克服小农生产的散漫性和自发性。比如“二流子”马礼福的生产计划是：“（一）开荒二垧种谷子，大路旁种西瓜一垧，再种棉花一垧，共可得小米九石二斗；（二）全年抽空从子长、永坪往延安贩鸡及鸡蛋十五次，可得小米六石；（三）老婆除拾瓜、照瓜外，纺线五十斤，可得小米三石。以上共得小米十八石二斗。”[②]二是对于习性太深、难以改造者，予以必要的惩处，如司法介入、公开批斗、家门钉牌等。这些措施不仅极大地刺激了“二流子”的神经系统，更是借助政党权威和边区法规构建出“二流子”与边区劳动群众泾渭分明的对立形象。鉴于中国的乡土社会是一个典型的熟人社会，一旦成为整个社会和劳动群众的对立面，“二流子”在传统熟人社会中就面临着信誉

① 〔法〕福柯：《规训与惩罚》，刘北成等译，北京：三联书店1999年版，第156页。

② 洛林：《边区高等法院释放二流子使其转入生产，上月共释放廿三名都帮他们订了生产计划》，《解放日报》1944 年 4 月 23 日。

危机和生存危机，这将对其心灵世界产生极大震动，形成威慑效应。

最后，开辟“二流子”改造成为革命“新人”的舆论场。改造“二流子”既是一场政治实践，也是建构无产阶级意识形态的鲜活素材和重要资源。一方面，党构造以劳动生产改造“二流子”的实践场域；另一方面，充分利用“二流子”改造的成功个案和典型案例，开掘蕴含其中的意识形态价值和功能，构筑“二流子”可以改造成为革命“新人”的舆论场，进一步论证党的社会政策和意识形态建构策略的有效性。党依托“二流子”所处的“生活空间”和“社会空间”建构舆论场。

一方面，发动家庭成员，形成对“二流子”的家庭舆论压力。在传统农业社会中，家庭是一个人的安身立命之本，家庭（家族）伦理是维护社会底层秩序的精神纽带，对个体行动选择具有看不见的强约束作用，通过动员家庭成员可以形成对“二流子”的家庭伦理压力。比如延安桃店的“二流子”谢明旺，他婆姨劝他转变，他不但听不进去，还怪他婆姨多管闲事。他婆姨一气之下回到娘家，谢明旺这才保证自己会作出改变[①]。

另一方面，对于那些已经成功被改造成为革命新人的“二流子”，党以此为典型案例建构起关于成功改造“二流子”的叙事体系和宣传典型，以扩大“二流子”改造实践的社会支持度，鼓动更多的“二流子”自觉服从和参与边区政府的改造行

① 孙晓芸，栗洪武：《陕甘宁边区改造“二流子”的教育经验及启示》，《当代教师教育》2019年第2期，第25—33页。

动。申长林是从“二流子”改造成为“劳动模范”“无产阶级劳动者”的典型人物。中共中央西北局组织部部长陈正人亲自写信给申长林，称他出身于无产阶级的队伍，曾沦落为失业的游民，现在是“边区自由的公民”“新民主主义社会里富裕的主人”“边区党的模范党员”。边区政府还将申长林的事例进行艺术化加工，将其改编为红色小说、秧歌剧、快板书等艺术形式[①]，一改以往人们对“二流子”的传统认知。由此，“二流子”从道德败坏、不劳而获的群体代名词转变为任劳任怨、诚实劳动的革命新人，成为自食其力的劳动者和社会主人。

三、再造新人的“延安方案”

延安时期，中国共产党构建起以“识别—引导—帮扶—规训—舆论”为主要环节的改造“二流子”政治实践体系，一大批“二流子”被改造成为自食其力的劳动者，有的还成长为享誉边区的劳动模范和劳动英雄，在实践中逐步形成了再造革命新人的“延安方案”。“延安方案”，一方面，遵循了马克思列宁主义关于无产阶级意识形态建设的基本原理，体现了科学社会主义原则的基本精神；另一方面，根据延安“二流子”改造实际以及中国乡土社会特点，党创造性地开辟出在乡土社会中建构无产阶级的阶级意识、再造革命新人的可行路径。

① 周海燕：《乡村改造中的游民规训与社会治理策略考察——以“改变二流子”运动为例》，《江海学刊》2012年第5期，第124—129页。

这一可行路径的内在逻辑可以概述如下：第一，精准识别“二流子”是避免改造“二流子”过于泛化和一般化的基础和前提，也为党以劳动实践为方法改造“二流子”提供了基本依据。第二，借助边区政府立法权构建制度化引导体系，将游离于生产系统以外的“二流子”引导至边区社会生产体系中，赋予其劳动责任，规定其劳动任务，形成劳动契约关系。第三，对于已经进入边区社会生产体系的“二流子”，有关政府为其提供专业化劳动技能训练和必要的劳动生产资料，解决其在劳动实践中遇到的具体难题和现实困难。第四，同“二流子”签订劳动责任书，对于冥顽不化者，通过必要的“规训”方式予以惩戒，形成制度威慑。第五，借助“乡土中国”熟人社会的特点，构建改造“二流子”的正面和负面舆论场。特别是对于那些改造成功的个案，深入挖掘其内在的意识形态功能，构建改造“二流子”的叙事体系和表达方式，使改造“二流子”的政治实践过程与结果成为党建构无产阶级意识形态的重要资源。以上五个方面环环相扣，相互支持，共同构成中国共产党再造革命新人“延安方案”的核心内容。

延安时期，中国共产党改造“二流子”的成效明显。以延安县为例，1937年原有“二流子”人数为1929人，未参加劳动生产的共有1330人，约占总体的68.95%；到了1942年，“二流子”总人数下降到了145人。引导“二流子”参加生产并最终消除“二流子”，是延安时期中国共产党领导社会革命的一大创举，是党的意识形态建构能力的集中体现。经过改造的“二流子”实现了主体人格的重塑和政治立场的根本转变，他们对党的改造行动和新民主主义社会高度认同。延川的刘胜兴转变后说：“今年亏乡长帮助我们，若不是，我们一家人现在还是挨饥受冻，哪里还能像今天一样吃干的穿新的？盼望乡长以后经常来督促我们的生产，我们一家人，永远也忘不了政府的好处。”鄜县的关有才转变后说：“新政权造就了我”“边区政府为人民把心操尽了，教人民过好日子，我明年要多开些荒”①。

再造革命新人的“延安方案”，对于深入理解马克思主义中国化具有十分重要的理论意义。

首先，这开创了一种马克思主义政党建构无产阶级意识形态的新模式。政党是意识形态转化为政治实践的行动主体。在马克思恩格斯看来，只有获得阶级意识的无产阶级才是真正意义上的革命主体。列宁更深刻地指出，无产阶级的阶级意识只能从外部“灌输”进来，没有革命的理论，就没有革命的实践。思想建党是马克思主义政党的一条重要建党原则。在一个经济文化相对落后的农业国建立无产阶级先锋队，必须将思想改造摆在突出位置，这是决定中国革命成败的关键之一。在延安时期，中国共产党对“二流子”思想改造的政治实践，一方面，遵循了马克思主义政党从外部“灌输”新思想的意识形态建构传统；另一方面，则创造性地将“二流子”引入边区社会劳动体系中，以劳动生产为方法实现了对“二流子”的思想改

① 中国财政科学研究院：《抗日战争时期陕甘宁边区财政经济史料摘编》（第2编农业），武汉：长江文艺出版社2016年版，第529页。

造，重构“二流子”的人生观、价值观和政治观。除了单向度的意识形态灌输外，劳动生产成为无产阶级意识形态建构的重要实践场域，因为劳动实践不仅是改造世界的对象化运动，还是改造劳动主体意义世界的建构性活动。“二流子”在劳动实践场域中同政党、乡村、家庭之间形成制度性规约关系，劳动场域的制度网络和约束机制倒逼其转换价值立场、掌握劳动技能、履行劳动义务，兑现劳动承诺。以劳动生产为方法建构意识形态触及意识形态生成的根本性机制——“物质生活的生产方式制约着整个社会生活、政治生活和精神生活的过程”[①]。以劳动生产为方法建构意识形态的模式是对“灌输”策略的有益补充，是延安时期中国共产党对马克思主义意识形态基本原理的坚守和发展。

其次，“延安方案”进一步解决了马克思关于“流氓无产阶级革命主体性空缺”的问题。马克思恩格斯认为，阶级内部具有层次性、结构性特征，“流氓无产阶级”是无产阶级内部的异质成分，由于其缺乏革命的主体性和自觉性因而成为无产阶级革命的阻碍性力量，因此，“流氓无产阶级”算不上是严格意义上的无产阶级。那么，“流氓无产阶级”革命主体性的空缺真是无法补救的吗？我们党认为，阶级是由在生产关系中处于相同位置的人集结而成的社会共同体，经济场域是阶级形成的空间和基础。但阶级的形成并非完全被动，同时也是主动

① 《马克思恩格斯文集》（第2卷），北京：人民出版社2009年版，第591页。

政治建构的结果。尽管“二流子”作为社会边缘群体一度对延安的社会秩序和革命进程产生了消极影响，但“二流子”具有可塑为中国革命支持性力量的可能性，这就需要对其进行创造性的思想改造。而思想改造的最有效方式就是将“二流子”引导至社会劳动生产体系中，以劳动生产为方法重塑“二流子”的意义世界和政治人格，使其由社会边缘的“寄生者”转变为社会生产的“劳动者”，“在‘二流子’本身来说，在生产有实际成效后，他们知道政府是为了他们好的”[①]。

延安时期是中国新民主主义革命的重要阶段，也是中国共产党推进马克思主义中国化的一座理论高峰。延安时期改造“二流子”的实践表明，马克思主义中国化必须立足中国本土实际和实践特点，紧密结合中国乡土社会特点，以实事求是的精神和原则，通过对中国本土实践模式和经验的总结和凝练，为马克思列宁主义理论宝库增添新的民族性内容，拓展新的理论性视域，使马克思列宁主义理论在内容要素上越来越丰富，在思想方法上越来越深刻，在现实指导性上越来越具体。中国共产党改造“二流子”从而再造中国革命新人的政治实践，开辟出以劳动生产为方法实现思想改造和社会革命的重要道路。这条道路为中华人民共和国成立后，中国共产党领导开展劳模运动和劳模精神建构，巩固马克思主义在意识形态领域的指导地位奠定了实践基础，为推进劳模运动制度化埋下了伏笔。

① 中国财政科学研究院：《抗日战争时期陕甘宁边区财政经济史料摘编》（第2编农业），武汉：长江文艺出版社2016年版，第529页。

第七章

社会主义国家建设与劳模精神的政治逻辑

实现我们的发展目标，不仅要在物质上强大起来，而且要在精神上强大起来。全国各族人民都要向劳模学习，以劳模为榜样，发挥只争朝夕的奋斗精神，共同投身实现中华民族伟大复兴的宏伟事业。

——习近平在同全国劳动模范代表座谈时的讲话

2013年4月

劳动模范是社会主义劳动竞赛中的佼佼者，劳模精神是劳动模范群体崇高精神和优秀品质的人格化。在马克思的语境下，劳模工人是批判性的话语，后马克思时代劳动模范才被赋予了正面意义。劳模精神作为一种社会意识形态，归根结底由社会历史条件所规定，社会主义国家建设赋予了劳模精神以新的时代内涵。劳模精神与社会主义国家建设的主题高度契合，中国共产党不断优化和完善劳模精神的提取、表达和传播机制，激发广大人民群众自觉投身参与社会主义国家建设的主动性和创造力，并使之成为推进社会主义现代化强国建设的强大精神力量。

一、劳模精神与国家建设

在中国共产党政治文化传统和当代中国意识形态谱系中，

“劳模精神”是一个不可或缺的重要范畴，具有十分重要的政治功能和象征意义。早在局部执政时期，以毛泽东为代表的中国共产党第一代领导人就致力于构建劳动精神，并将其作为马克思主义、共产主义意识形态大众化的重要一环。这一政治传统随着1949年中华人民共和国成立而延续至今。党的十八大以来，习近平总书记围绕选树劳动模范、弘扬劳模精神、培育劳动文化发表了一系列重要论述，有力凸显了其在中国特色社会主义总体布局和战略布局中的重要价值。这也成为新时代中国国家建设的一个鲜明特色。作为对政治实践的一种理论回应，劳模精神无论是在政治系统还是在知识体系中，都受到远超于以往的重视和关注力度。

东北大学田鹏颖教授领衔的劳模文化研究颇具代表性。该课题组依托国家社科基金重大课题“东北（辽宁）老工业基地‘劳模文化’史料编纂及当代价值研究”，运用马克思主义唯物史观原理和方法，对劳模精神的本体论内涵进行阐发和论证，认为劳模精神是在劳动实践中形成的，它以劳动实践为现实基础，以回应时代课题为历史方位，以满足人民需求为价值取向，它内在地包含中华传统文化的精神资源，生成于中国共产党革命文化，内嵌于社会主义先进文化，“劳模精神掌握了我国最进步的主体力量”[①]。不难看出，田鹏颖、王圆圆

① 田鹏颖，王圆圆：《马克思主义唯物史观视阈中的劳模精神——兼论劳模精神在中国特色社会主义文化中的地位》，《广西社会科学》2017年第11期，第195—199页。

（2017）的研究主要是从历史唯物主义宏大叙事的框架来解释劳模精神。但正是由于解释框架边界的无限延展，使得劳模精神与劳动精神、工匠精神等其他近似概念胶着在一起，进而导致劳模精神的概念范畴难以被有效甄别，劳模精神似乎成为一种可以被任意“替代”的词汇。

实际上，劳模精神与其他近似概念，如工匠精神等，是存在概念边界的。孙力（2017）的研究不仅意识到劳模精神与当下社会主义生产相对应，更意识到它是一种与工匠精神具有一定区别度的文化形式，可惜作者并未详述①。郑大发（2018）认为，劳模精神与工匠精神在时代内涵和现实指向等方面具有高度一致性，差异在于两者的精神内核不同，无私奉献是劳模精神的核心，精益求精是工匠精神的品质②。常晓媛（2019）从产生条件、价值导向和表现形式等维度揭示了劳模精神和工匠精神的对立统一性③，陶志勇（2021）则从基本内涵、外延及相互关系等角度对劳模精神、工匠精神、劳动精神作了区分④。尽管这些研究已经注意到劳模精神与工匠精神、劳动精神的概念边界问题，但恰恰在于研究过程中追求两者概念溯源

① 孙力：《劳模精神的马克思主义审视及其当代价值》，《思想理论教育》2017年第8期，第10—14页。

② 郑大发：《新时代劳模精神和工匠精神的时代内涵》，《中国政协》2018年第17期，第11页。

③ 常晓媛：《论工匠精神与劳模精神》，《中国劳动关系学院学报》2019年第11期，第112—117页。

④ 陶志勇：《新时代劳动观》，北京：中国工人出版社2021年版，第103—107页。

的彻底性，致使研究者将两者视为先验的、独立的社会意识形态加以解剖。尽管这符合社会意识形态相对独立性的特征，但由于固守概念自身的内涵、范畴、边界，造成了好像劳模精神就是一种先验的社会意识存在，抑或把“劳动实践—劳模精神”的转换环节设想得过于简单了。

事实上，意识形态的建构离不开国家力量的支撑，意识形态本身就是现代国家治理的工具之一。马克思主义政治学原理认为，国家是意识形态建构的中介环节，这是因为“意识形态的特殊利益在国家的特殊性当中得以维系，意识形态的普遍形式在国家的普遍性当中得以支撑”[1]。因此，我们要深入探究劳模精神与国家政治、市场经济、劳动者个体之间的内在关联性，因为不仅是劳模精神，任何一种社会意识形态都不可能脱离以上要素而独立存在，劳模精神是依附于国家而存在的，是由国家力量所建构起来的。

二、两种阐释体系

鉴于理论研究主体以及解释向度的差异性，当前对劳模精神基本内涵的界定，主要有马克思主义理论传统和“政策—制度”理论传统。前者侧重在马克思恩格斯的文本资源中开辟解释空间，历史辩证法是其主要研究方法；后者则是在当代中国

① 鲍金：《作为意识形态之中介的国家——马克思恩格斯理论视域下的意识形态与国家的关系再阐释》，《社会主义研究》2019年第1期，第50—55页。

政治文献中寻找理论线索，政策延伸性解读是其基本论述方式。这两种解释方式呈现出对劳模精神解释的两种话语体系，即马克思主义话语体系和“政策—制度”话语体系。这两种话语体系并不是彼此割裂的，一般来说，“政策—制度”话语体系是马克思主义话语体系在当代中国历史场景中的延续和再现，马克思主义话语体系又为“政策—制度”话语体系建构提供了建设性的分析框架。

（一）马克思主义话语体系中的劳模精神

第一种解释路径是“社会生产—劳动者—劳模精神”。生产力与生产关系、经济基础与上层建筑的矛盾是人类社会发展的基本矛盾；在生产力要素结构中，劳动群众最为重要，人只有通过劳动才能创造出社会财富；劳动群众是社会建设的主体，劳动模范是劳动群众的杰出代表，他们在长期劳动实践中形成了劳模精神[①]。劳模精神就是在生产劳动实践中，广大劳动群体集中展现出来的精神品质，是劳动精神的人格化。

第二种解释路径是“人的主体性—劳动实践—劳模精神”。社会实践性表征人的主体性特征，人不是被动地适应自然，而是通过劳动活动将自然界对象化，这种对象化的过程就是实践。人的劳动实践的结果，既有物质性产物，又有精神性产物，精神性产物的本质是实践的。劳模精神就是人通过劳动

① 田鹏颖：《东北（辽宁）老工业基地劳模文化研究》，北京：社会科学文献出版社2018年版，第34页。

实践而形成的一种精神文化产品[①]。

第三种解释路径是“资本主义批判—劳动（劳模）文化—人的全面发展”。在资本主义私有制条件下，人的劳动本质上是“异化”劳动，即劳动产品与劳动者相分离，成为人的对立面，从而控制人、压迫人、剥削人，此时人的劳动还不是自由自觉的劳动，而只是为了纯粹生存所进行的劳动。这种情形下的劳动（劳模）文化也毫无疑问是异化的、变质的。马克思主义的使命就是把人从这种“异化”劳动中解救出来，让劳动成为人的第一选择、第一需要，而达成这一目标的条件就是自由人联合体的实现[②]。

以上三种解释都是将劳模精神置于“生产力—生产关系”“社会存在—社会意识”的历史唯物主义框架下进行的，都是以马克思在《政治经济学批判》序言中的那段名言，“人们在自己生活的社会生产中发生一定的、必然的、不以他们的意志为转移的关系，即同他们的物质生产力的一定发展阶段相适合的生产关系。这些生产关系的总和构成社会的经济结构，即有法律的和政治的上层建筑竖立其上，并有一定的社会意识形态与之相适应的现实基础。物质生活的生产方式制约着整个社会生活、政治生活和精神生活的过程”[③]为方法论展开论

① 田鹏颖：《东北（辽宁）老工业基地劳模文化研究》，北京：社会科学文献出版社2018年版，第51—52页。

② 田鹏颖，姜耀东：《劳模文化哲学论纲》，北京：社会科学文献出版社2018年版，第156—157页。

③ 《马克思恩格斯文集》（第2卷），北京：人民出版社2009年版，第591页。

述的。

与上述分析—解释型研究相比，在马克思恩格斯的文本中，存有丰富的对“模范工人”的直接论述，只不过这些论述大多蕴含在马克思恩格斯对资本主义生产方式和劳动组织形式的批判之中。首先，所谓“模范工人”实际上就是指“工人贵族”。“模范工人”的工资性收入比一般的工人阶级要高，职业身份和社会地位也有明显改善，他们获得了资本家阶级更多的称赞和赞誉，资本家会以“委托—代理”的方式向“模范工人”授权，行使监督工人之责。恩格斯指出：“他们构成了工人阶级中的贵族；他们为自己争到了比较舒适的地位，于是就认为万事大吉了。他们是莱昂内·莱维先生和吉芬先生（以及可敬的路约·布伦坦诺先生）的模范工人，对于每个精明的资本家和整个资本家阶级来说，他们确实都是非常可爱、非常听话的人。”①其次，“模范工人”的群体特征可以概括为，一是具有驯服性，马克思恩格斯援引蒲鲁东的话说，“这就是驯良的模范工人”②；二是调和性，他们缺乏强烈的阶级意识和革命意愿，缺少共产主义的理论觉悟，马克思恩格斯指出，“大约在15年前，英国的工人是模范工人，他们对雇主谦恭有礼，在要求自己的权利时温顺克己”③；三是组织性，劳模工人和工人贵族具有组织化趋向，他们日益成为自我封闭的小团体，

① 《马克思恩格斯文集》（第1卷），北京：人民出版社2009年版，第375页。
② 《马克思恩格斯文集》（第1卷），北京：人民出版社2009年版，第650页。
③ 《马克思恩格斯文集》（第3卷），北京：人民出版社2009年版，第520页。

与底层工人阶级在阶级意识上产生隔阂，在集体行动上发生割裂，工联就是劳模工人和工人组织联合起来的典型组织，“工联是少数工人贵族的组织，低薪工人是不能加入的，每天被经济发展从乡村赶往城市的大批工人，长期留在工联外面，而最贫苦的群众从来都进不了工联”[①]。最后，“劳模工人”是多重原因共同作用的结果：一是资本家阶级控制工人、分化工人手段和技术方式的调整；二是为适应资本主义机器化大生产和精细化管理，在工人阶级中选择一小部分人充当生产线管理者、监督者；三是工业垄断导致工人阶级利益的分配不公平。

由此可见，在马克思恩格斯的语境中，“劳模工人”是工人阶级群体中的“异类”，其本质就是资本家阶级用来分化工人阶级，消解工人阶级的阶级意识，从而达到巩固资本主义生产方式和政治统治目的的一种工具和手段而已，它的出现无助于工人阶级整体利益的维护和集体行动的选择。“劳模工人”就是资本家阶级安插在工人阶级中的“监视器”和“探照灯”；“劳模工人”及其所体现出来的精神品质是被马克思恩格斯给予无情批判的对象，是一个纯粹的否定性概念。

在后马克思时代，“劳动模范”被赋予了更多的肯定性意义，被逐渐形构为正面形象，劳模精神也由此被纳入社会主义主流意识形态谱系中，成为工人阶级先进性的精神特质和积极向上的精神力量，用哲学的语言来表述就是：“这种精神是劳

---

① 《马克思恩格斯论工会》，北京：工人出版社1980年版，第182—183页。

模意识的最高形式，或者说是劳模意识的精华，是劳模世界观、人生观、价值观的集中体现，渗透在劳模追求的理想信念、确立的共同价值观、形成的共同思维方式和共同品格等方方面面。”①

（二）“政策—制度”话语体系中的劳模精神

作为后马克思时代劳模精神话语体系的一种延续，习近平总书记对劳模精神和劳动模范发表了一系列重要论述，党中央和国务院出台的政策文件中也多有涉及劳模精神，并由此形成了劳模精神研究的“政策—制度”话语体系。

——2013年4月，习近平总书记同全国劳动模范代表座谈时强调，劳动模范是民族的精英、人民的楷模。长期以来，广大劳模以平凡的劳动创造了不平凡的业绩，铸就了“爱岗敬业、争创一流，艰苦奋斗、勇于创新，淡泊名利、甘于奉献”的劳模精神，丰富了民族精神和时代精神的内涵。广大劳动模范和先进人物要珍惜荣誉、再接再厉，爱岗敬业、无私奉献，做坚定理想信念的模范、勤奋劳动的模范、增进团结的模范。

——2013年10月，习近平同中华全国总工会领导班子成员集体谈话时要求，在全社会大力弘扬中国工人阶级的优秀品质，大力宣传劳动模范和其他典型的先进事迹。让劳动最光荣、劳动最崇高、劳动最伟大、劳动最美丽的观念蔚然成风。

---

① 陈豪：《习近平总书记在同全国劳动模范代表座谈时的重要讲话学习读本》，北京：中国工人出版社2013年版，第103页。

——2014年4月，习近平在乌鲁木齐接见劳动模范和先进工作者、先进人物代表时指出，“要在全社会大力弘扬劳动光荣、知识崇高、人才宝贵、创造伟大的时代新风，促使全体社会成员弘扬劳动精神”。

——2015年4月，习近平在庆祝“五一”国际劳动节暨表彰全国劳动模范和先进工作者大会上发表重要讲话指出，“爱岗敬业、争创一流，艰苦奋斗、勇于创新，淡泊名利、甘于奉献”的劳模精神，生动诠释了社会主义核心价值观，是我们宝贵精神财富和强大精神力量。我们一定要在全社会大力弘扬劳模精神、劳动精神，大力宣传劳动模范和其他典型的先进事迹，引导广大人民群众树立辛勤劳动、诚实劳动、创造性劳动的理念。

——2016年4月，习近平在与知识分子、劳动模范、青年代表座谈会上指出，“劳动模范是劳动群众的杰出代表，是最美的劳动者……劳模精神，是伟大时代精神的生动体现”。

——2017年10月，党的十九大报告指出，建设知识型、技能型、创新型劳动者大军，弘扬劳模精神和工匠精神，营造劳动光荣的社会风尚和精益求精的敬业风气。

——2018年3月，《关于提高技术工人待遇的意见》要求，适应产业结构转型升级趋势，大力弘扬劳模精神和工匠精神，根据劳动者不同就业阶段特点，加强职业素质培养。

——2018年4月，习近平在给中国劳动关系学院劳模本科班学员的回信中表示，全社会都应该尊敬劳动模范、弘扬劳模精神，让诚实劳动、勤勉工作蔚然成风。

——2018年10月，党中央在中国工会十七大的致辞中强调，要大力弘扬劳模精神、劳动精神、工匠精神，对标先进、见贤思齐，诚实劳动、勤勉工作，营造劳动光荣的社会风尚和精益求精的敬业风气，用工人阶级先进思想和模范行为影响和带动全社会。

——2019年9月，习近平对我国选手在第45届世界技能大赛上取得佳绩作出重要指示，“要在全社会弘扬精益求精的工匠精神，激励广大青年走技能成才、技能报国之路”。

——2020年4月，习近平在给郑州圆方集团全体职工的回信中表示，伟大出自平凡，英雄来自人民。面对这次突如其来的疫情，从一线医务人员到各个方面参与防控的人员，从环卫工人、快递小哥到生产防疫物资的工人，千千万万劳动群众在各自岗位上埋头苦干、默默奉献，汇聚起了战胜疫情的强大力量。希望广大劳动群众坚定信心、保持干劲，弘扬劳动精神，克服艰难险阻，在平凡岗位上续写不平凡的故事，用自己的辛勤劳动为疫情防控和经济社会发展贡献更多力量。

——2020年11月，习近平在全国劳动模范和先进工作者表彰大会上发表重要讲话时强调，社会主义是干出来的，新时代是奋斗出来的。这次受到表彰的全国劳动模范和先进工作者，是千千万万奋斗在各行各业劳动群众中的杰出代表。他们在平凡的岗位上创造了不平凡的业绩，以实际行动诠释了中国人民具有的伟大创造精神、伟大奋斗精神、伟大团结精神、伟大梦想精神。希望大家珍惜荣誉、保持本色，谦虚谨慎、戒骄戒躁，继续发挥示范带头作用。

——2021年4月，习近平向广大劳动群众致以五一国际劳动节的节日祝贺，指出劳动创造幸福，实干成就伟业。希望广大劳动群众大力弘扬劳模精神、劳动精神、工匠精神，勤于创造、勇于奋斗，更好发挥主力军作用，满怀信心投身全面建设社会主义现代化国家、实现中华民族伟大复兴中国梦的伟大事业。

——2021年7月，《中国工运事业和工会工作“十四五”发展规划》将劳模选树管理作为“十四五”时期工会“素质提升”的关键指标，明确重点选树宣传100名左右的劳模工匠先进典型。

综上可见，“政策—制度”话语体系中的劳模精神内涵可以概括为四点：一是核心要义，即“爱岗敬业、争创一流，艰苦奋斗、勇于创新，淡泊名利、甘于奉献”。“爱岗敬业、争创一流”是岗位职责和职业规范层面上的要求；“艰苦奋斗、勇于创新”是对劳动者革新现有劳动条件、促进生产工艺和生产技术升级换代的概括；“淡泊名利、甘于奉献”则集中体现社会主义原则和集体主义精神，责任、能力、伦理三项要素构成劳模精神的核心要义。二是结构方位。劳模精神在中国共产党意识形态谱系中占据一席之地，是中国特色社会主义文化的重要组成部分，它与社会主义核心价值观在一定程度上可以互为解释；劳动精神体现了一个社会的风尚和公民的精神面貌，是民族精神、时代精神和国家精神的集中展现。三是功能作用。劳模精神是思想政治工作和意识形态建设的重要资源，具有政治教育功能，不仅劳动者、青少年要学习和践行劳模精神，全社会都要营造尊重劳模、学习劳模的浓厚氛围；劳模精神是激发人们干事创业、攻坚克难、改革创新的强大动力，具有示范引领和社会动员的功能；弘扬和践行劳模精神是党和政府制定劳动政策、推进工会改革创新、构建和谐劳动关系的内在要求，是党和政府政策制定过程中必须吸纳和加以考虑的要素，因此具有政策影响的功能。

三、劳模精神融入国家建设

劳模精神是推动社会主义国家建设的强大精神力量。随着中国特色社会主义事业的向前发展，劳模精神融入国家建设的领域更加广泛，对国家建设的引领和推动作用更加明显。

（一）主题契合性

作为后发外源型现代化国家[①]，中国现代国家建构的首要任务是解决主权分裂和领土侵蚀的问题，只有通过政治革命谋求

① 后发外源型现代化国家的特征是：现代生产力要素和文化要素由外部移植，工业资本受外部支配、经济生活缺乏自主性，政治权力对国家发挥调控和管制作用。参见罗荣渠：《现代化新论——世界与中国的现代化进程》，北京：商务印书馆2004年版，第132页。

国家独立与自主，才能为国家现代化提供“大一统”的政治前提。这一使命历史性地由中国共产党来承担，“这决定了社会主义在世界上发展，不是基于绝对的价值输出来推广其制度与社会，也不是基于意识形态的传播与征服来拓展其实力范围与国际空间，而是基于人类经济与社会发展所形成的内在历史力量以及各国人民的自觉选择”[①]。这是一种与西方现代化模式完全不同的实践逻辑和价值逻辑：第一，国家建设的核心主题是实现现代化。社会主义现代化实践有两个显著特点：一是有计划、有组织，市场在资源配置中的决定性作用与更好发挥政府作用有机结合，能够最大限度地规避市场失灵问题；二是全民参与、全社会动员，现代化建设依靠人民，现代化成果由人民共享。第二，国家建设的政治目标是实现民主化。一方面，是指国家权力属于全体人民，人民掌握国家权力；另一方面，是指国家为公民有序参与政治生活和公共决策提供制度化渠道，如人民代表大会制度、协商民主制度、基层群众自治制度等。第三，国家建设的共识基础是形成社会主义核心价值。通过凝聚社会核心价值共识，打通共产主义的应然状态与中国国家建设实然状态的连接渠道。第四，国家建设要体现民族性。中国特色社会主义是国家建设的根本道路和行动逻辑，强调立足国情，遵循规律，以人为本，持续发展，依法治国，公平正

① 林尚立：《当代中国政治基础与发展》，北京：中国大百科全书出版社2017年版，第97页。

义，合作共享，和平共处①。

在现代国家建设过程中，劳模精神是由国家力量建构起来的社会意识形态。

一方面，劳模精神在中国现代国家建设中被塑造起来。首先，现代国家建构为劳模精神从无到有、从客观存在到主体形式提供了根本性的政治—经济—文化条件。劳模精神充分吸收了中国工人阶级在国家建设中的实践资源和创造成果，内嵌于现代国家建设的全过程和各个方面，因此它集中体现了时代精神内涵、国家精神风貌和工人阶级的优秀品质。其次，现代国家建设为劳模精神建构开辟了制度性和意识形态性空间，制度性空间包括以生产力与生产关系为中轴的经济制度空间（劳动竞赛体制下的劳模制度安排）、以国家与社会关系为中轴的政治制度空间（劳模评选的民众参与和群众路线原则的践行），意识形态性空间包括联结实然与应然的价值性空间（劳模精神在共产主义原则下的解释向度），构建“行动”与“主义”的民族性空间（劳模精神在中国特色社会主义原则下的解释向度）。

另一方面，劳模精神是中国现代国家建构的思想资源，其精神内核与中国现代化战略保持一致，实践伦理与中国民族文化一脉相承。劳模精神一旦形塑，就将发挥作为社会动员、政治教育、意识形态建设的杠杆功能。1950年，毛泽东在全国战斗英雄和劳动模范代表会议上表达了上述观点：“你们是全中

① 林尚立：《当代中国政治基础与发展》，北京：中国大百科全书出版社2017年版，第98—102页。

华民族的模范人物，是推动各方面人民事业胜利前进的骨干，是人民政府的可靠支柱和人民政府联系广大群众的桥梁”，“中国共产党中央委员会号召全党党员和全国人民向你们学习，同时号召你们，亲爱的全体代表同志和全国所有的战斗英雄、劳动模范们同志们，继续在战斗中学习，向广大人民群众学习”[①]。劳模精神在现代国家建构进程中被塑造起来了，并且，一旦形塑定型以后，就会立即成为现代国家建构的意识形态资源，以其强大的思想力量、价值感召、社会认同引领现代国家建设。

中国特色社会主义进入新时代以后，党中央格外强调劳模精神在治国理政和现代国家建设中的重要性，要求全社会要争做劳动模范，弘扬和践行劳模精神，习近平作为党和国家最高领导人发表了一系列重要论述，党中央、国务院也出台了一批制度、文件。劳模精神的形塑过程与现代国家建设主题和目标相对应，劳模精神与国家建设的紧密度和互动性更加明显。

（二）过程互动性

劳模精神是由国家力量塑造的，同时它一旦形成就会成为国家力量的一部分，因此劳模精神与国家力量之间隐含着互动性机制。正因如此，才为劳模精神进入现代国家建设议程，纳入国家建设发展的总体战略提供了合法性前提和制度性空间。

① 中华全国总工会，中共中央文献研究室：《毛泽东 邓小平 江泽民 论工人阶级和工会工作》，北京：中央文献出版社2002年版，第46页。

劳模精神生长历经四个不同环节，不同环节之间联结的实现都必须借助于强大的国家力量[①]。因此，我们有必要把国家力量引入劳模精神的建构过程之中。劳模精神从客观存在状态到具有独立实体意义的社会意识形态，从劳动模范群体精神特质的人格化进入当代中国主流意识形态谱系中，在中观层面要历经孕育期、定义期、维护期三个阶段，在微观层面则要借助于评选机制、反馈机制、建构机制、激励机制、吸纳机制、教育机制六大机制，评选—反馈、建构—激励、吸纳—教育构成上述三个阶段中的三项“机制循环”，这三项“机制循环”首尾相连，就构成劳动精神从无到有的建构过程。

第一，评选—反馈机制。评选—反馈机制就是从普通劳动者中评选劳动模范（个人和集体），拟评选对象在经过一系列审核、公示、认定、表彰程序以后，以劳模身份再次回到劳动者之中，发挥其对广大劳动群众的典型示范和价值引领作用。新时代劳模评选—反馈机制具有以下特点：一是简化流程。在推荐审核环节中由地方党委和政府统一提出推荐意见，对参评全国劳模的企业负责人无须再征求工商、安全、人社、环保、卫生等部门的意见。流程简化不等于监督弱化，发挥初审、复审“两级审批”以及单位、省级、全国“三级公示”的监督功

① 比如，从数以万计的劳动者大军中评选树立劳动模范，必须由政党和国家统一作出安排部署，评选出的劳动模范要由政党和国家予以确认和公布，必要时还要举行庄重严肃的政治仪式。再如，劳模精神要想进入主流意识形态谱系中，也必须由政党和国家的权威说明和认定。

能，延长公示时间、畅通举报渠道，确保评选过程公开透明，使评选结果经得起历史检验。二是增加一线职工群众比重。注重从群众和基层中评选劳模，体现了马克思主义群众路线的基本精神。2014年的劳模评选中一线职工专业技术人员所占比例为64.37%，2015年提升到67.5%；2018年产业工人群体在全国五一劳动奖章评选中首次单列；企业负责人、党政机关和工会干部所占比例逐渐递减。三是拓展评选范围，将新兴民营经济、非公有制企业、新社会组织、创新型企业、乡镇企业、国家重点实验室、社会团体等群体纳入评选范围，港澳台同胞也可授予劳模称号。四是完善劳动模范选树体系。形成以五一劳动奖章表彰为主体，金牌工人、首席技师、首席员工评选为补充的劳模选树体系，开展“中国梦·大国工匠篇”“大国工匠进校园”主题宣传，县级及县级以上地方工会命名劳模创新工作室1.8万家，7项技术工人创新成果荣获国家科技进步奖。

第二，建构—激励机制。建构—激励机制就是政治权威主体对个体化、散状式的劳动模范人物及其事迹背后的精神力量和价值意蕴进行逻辑化的体系建构，使其嵌入主流意识形态谱系。一方面，提炼出蕴含于典型个体或集体先进事迹中的关键词，从马克思主义和共产主义的原则高度对关键词进行解释说明和体系建构，最后由国家力量予以确认和公开。2018年8月，习近平先后对中国船舶重工集团有限公司第七六〇研究所黄群、宋月才、姜开斌为保护国家资产壮烈牺牲，以及江苏省灌云县开山岛民兵哨所原所长王继才的先进事迹作出批示，概括提炼了他们对党忠诚、恪尽职守、不怕牺牲、无私奉献的崇高精神和优秀品格，随后中共中央追授他们“全国优秀共产党员”的称号，号召全体共产党员学习他们“信仰坚定、对党忠诚的政治品格”“恪尽职守、担当有为的敬业精神”“甘于奉献、勇于牺牲的崇高境界”“淡泊名利、清廉自守的道德情操”①。另一方面，以国家名义对中国劳动群众和工人阶级的优秀品质，对广大劳动模范的崇高精神进行提炼和概括。党的十八大以来，习近平总书记对新时代劳模精神作了体系性的概括，要求发挥劳模精神的正向激励功能，“尊重劳动模范，用劳模的干劲、闯劲、钻劲鼓舞更多的人，激励广大劳动群众争做新时代的奋斗者，创造劳动光荣的社会风尚和精益求精的敬业风气”②。

第三，吸纳—教育机制。吸纳机制，就是将劳模精神纳入中国特色社会主义主流意识形态谱系，打通与社会主义核心价值观、社会主义先进文化、中国共产党革命文化、中华优秀传统文化在政治性和学理性上的关联。习近平总书记指出：“‘爱岗敬业、争创一流，艰苦奋斗、勇于创新，淡泊名利、甘于奉献’的劳模精神，生动诠释了社会主义核心价值观，是我们的宝贵精神财富和强大精神力量。”也有学者从十个方面

① 《中共中央关于追授黄群、宋月才、姜开斌、王继才同志“全国优秀共产党员”称号的决定》，《人民日报》2018年9月28日。

② 李玉赋：《中国工会十七大报告辅导读本》，北京：中国工人出版社2018年版，第11页。

归纳了劳模精神与社会主义主流意识形态谱系的关系，认为劳模精神是工人阶级先进性的集中体现、工人阶级主人翁意识的集中凸显、社会主义核心价值观的生动诠释、时代精神的生动体现、民族精神的重要组成部分、劳动精神的积极呈现、工匠精神的核心体现、培育时代新人的重要手段、文化自信的重要支撑、民族复兴的精神力量[①]。教育机制，就是用劳模精神鼓舞人民、教育人民、动员人民，使学习劳动模范、践行劳模精神成为人民群众的自觉追求。坚持和发展新时代中国特色社会主义，建设社会主义现代化强国，劳模精神的旗帜必须高高举起，任何否定、虚无、质疑、歪曲、忽视劳模精神的观念和行动都是错误的。党的十八大以来，全国总工会掀起劳模精神学习热潮，组织职工先后开展“当好主力军，建功‘十二五’”“践行新理念，建功‘十三五’”“当好主人翁、建功新时代”主题劳动和技能竞赛；组织劳动模范进学校、进社区、进乡村、进工矿企业，开展多轮理论和政策宣讲；运用组织化力量布局优化工会理论研究格局，突出劳模精神研究在工会调查研究和理论工作中的重要地位。

四、劳模精神的“辩证运动”

劳模精神一旦形成，就具有了主体性特征。马克思主义认

① 彭维锋：《新时代劳模精神的十大内涵》，http://www.acftu.org/template/10041/file.jsp?aid=95896。

为，任何一种社会意识形态，都要历经一个从无到有、从小到大、从生到灭的辩证运动过程，所谓辩证运动过程，就是“在对现存事物的肯定的理解中同时包含有对现存事物的否定的理解，即对现存事物的必然灭亡的理解”①。因此，劳模精神就表现为一个具有暂时性存在意义的生命体，这个生命体要经历从孕育到退场的全部过程。为此，不妨运用生命周期理论对劳模精神的辩证运动过程作进一步分析，以具体展现劳模精神的主体性特征。

生命周期理论被广泛运用于心理学和社会学中，一般用以描述人的生命周期和家庭的生命周期，是指人或家庭的出生、成长、衰老和死亡的过程。此后，该理论被广泛运用到产品生产、工程管理、市场营销等领域，衍生出领导生命周期、产品生命周期、企业生命周期、零售生命周期等理论形态。劳模精神表现为一个完整的生命周期循环，同样要经历从出生到死亡的辩证运动发展过程。

劳模精神本质上属于社会意识形态，对于社会意识形态形成逻辑的解释，马克思有以下两段经典的言论：

1.在《哲学的贫困》中写道：“理性一旦把自己设定为正题，这个正题、这个与自己相对立的思想就会分为两个相互矛盾的思想，即肯定和否定，‘是’和‘否’。”“这两个彼此矛盾思想的融合，就形成一个新的思想，即它们的合题。这个

① 《资本论》（第1卷），北京：人民出版社2004年版，第22页。

新的思想又分为两个彼此矛盾的思想，而这两个思想又融合成新的合题。从这种生育过程中产生出思想群。”“从群的辩证运动中产生系列，从系列的辩证运动中又产生出整个体系。”[①]在这里，马克思描述了思维的辩证运动过程，即“思想—思想群—思想系列—思想体系”，这个过程主要发生在人的主观世界领域，可视为社会意识生产的“内生机制”。

2.在《德意志意识形态》中写道：“从直接生活的物质生产出发阐述现实的生产过程，把同这种生产方式相联系的、它所产生的交往形式即各个不同阶段上的市民社会理解为整个历史的基础，从市民社会作为国家的活动描述市民社会，同时从市民社会出发阐明意识所有各种不同的理论产物和形式，如宗教、哲学、道德等等，而且追溯它们的产生过程。”[②]这是马克思主义唯物史观基本原理的经典表述，即社会存在决定社会意识。社会意识形态是由生产过程和交往方式（生产方式）所共同决定的，任何一种意识现象都可以在社会生产领域中得到解释，即“社会存在—社会意识”，这个过程的决定性因素是社会生产，可以定义为社会意识生产的“外生机制”。

因此，依据历史唯物主义原理，社会意识形态的形成是“内生机制”和“外生机制”合力作用的结果，其中外生机制是根本性机制，内生机制是技术性机制。“内生机制—外生

---

① 《马克思恩格斯文集》（第1卷），北京：人民出版社2009年版，第601页。

② 《马克思恩格斯文集》（第1卷），北京：人民出版社2009年版，第544页。

机制”是当前学界研究劳模精神的基本方法论。但是，上述解释框架的局限性不言自明。正如前文所述，这仿佛意味着劳模精神是一个先验的独立的存在物，任由研究者解剖和切割。实际上，劳模精神是劳动模范群体优秀品质和精神风貌的集中呈现，这种精神在没有一个强大的外力作用以前，在缺乏一系列必要的政治—社会机制的条件下，还仅作为客观的存在物，彼时的劳模精神还是一个不完备的“雏形”状态。只有当条件成熟，特别是有强大的外力介入和相匹配的政治—社会机制搭建完毕后，作为客观存在物的劳模精神才会被建构成为具有实体性内容和独立化形式的劳模精神，劳模精神在此时才获得其属于自身的完整的展现形式。这个外部力量在当代中国就是以政党力量为轴心的国家力量，也是由当代中国政治形态的特殊性所规定的，“中国共产党是中国政治体制的中轴，党的领导既是全方位的，也是独一无二的。党从中央到地方乃至基层有严密的组织体系，对国家机关、军队和社会团体实行统一而有分工的领导，在国家和政治社会中拥有不容挑战的政治权威”①。党的十九大报告将党与国家的关系概括为：“中国特色社会主义最本质的特征是中国共产党领导，中国特色社会主义制度的最大优势是中国共产党领导，党是最高政治领导力量。”②

① 景跃进，陈明明，肖滨：《当代中国政府与政治》，北京：中国人民大学出版社2016年版，第13页。

② 本书编写组：《中国共产党第十九次全国代表大会文件汇编》，北京：人民出版社2017年，第16页。

劳模精神是被国家力量建构起来的社会意识形态，其生命周期可划分为以下四个阶段。

第一，从劳动者到劳动模范，这是劳模精神的孕育期。劳模精神是劳动模范群体精神和品质的集中展现和人格化，劳模精神必须依附于劳动模范群体而存在。劳动模范是社会主义国家劳动竞赛体制下的一项制度设计，他们是劳动竞赛的胜出者，也是广大劳动群众的杰出代表和先进典型，因此劳模体制设计和劳模评选机制是劳模精神建构的基础性环节。

第二，从劳动模范到劳模精神，这是劳模精神的定义期。它包括两方面内容：一是宏观定义或总体性定义，即对劳动模范个体的先进事迹和优秀品质进行抽象和概括，形成对一定时代背景下中国劳动模范群体精神特质的宏观判断，这项定义权由国家政治权威（即政党和政府）所掌握。宏观定义的特点是，将抽象化的劳模精神与马克思主义信仰、共产主义信念和中国特色社会主义共同理想联系起来，使其升华为政治教育、政治动员的意义符号。二是微观定义或具体性定义，即对劳动模范个体的先进事迹和优秀品质进行界定。从逻辑上讲，只要成为劳动模范，就一定能在劳动模范的身上找到“道义”的闪光点，这方面的定义权有可能由劳动者所在的工厂政体所掌握，也可能由地方政府所掌握。微观定义的特点是，将劳动模范的事迹与品质和企业文化、地方治理、行业历史传统等结合起来，彰显劳模精神鲜活性、生活化的一面。

第三，从劳模精神到意识形态谱系，这是劳模精神的维护期。维护期就是使已经被定义化的劳模精神更具稳定性，使全社会形成尊重劳模、学习劳模以及践行劳模精神的氛围和动力，扩大劳模精神在地区、行业、部门的影响力，为劳模精神进入社会主义主流意识形态谱系创造有利条件，开辟制度空间。

第四，劳模精神的退场。劳模精神将伴随社会生产力的发展而发展，它在现代国家建构中发挥作为社会主流意识形态的核心职能。当“人类社会形态”取代“经济的社会形态”后，自由自觉的劳动、精益求精的劳动、为集体而劳动已经成为社会的共识和普遍原则，劳模精神作为社会意识形态的引领示范功能也就不再需要了，“以至人们对于人类一切公共生活的简单的基本规则就会很快从必须遵守变成习惯于遵守了”①，劳模精神也随之退场了。

综上所述，劳模精神是社会存在与政治存在的辩证统一体。作为社会意识形态的劳模精神，毫无疑问是由社会存在，即国家政治—经济—文化状况所决定的，不同时代劳模精神的内涵和指向也有所不同，不同时代劳模精神的表征形态和实践逻辑也有所差异。但这仅是界定了劳模精神社会存在性的一面。事实上，作为社会主义意识形态谱系中的重要组成部分，作为伟大民族精神的集中体现，劳模精神的建构也要借助于国家力量，它是中国共产党意识形态建设的方法和技术，是中国特色社会主义先进文化的基本构成。劳模精神体现了国家力量

① 《列宁专题文集》（论马克思主义），北京：人民出版社2009年版，第273页。

对中国工人阶级和广大劳动群众历史贡献的肯定和尊重，是马克思主义唯物史观“人民创造历史”原理的具体体现，对外表明中国共产党的政治宗旨和执政理念。从国家力量的角度来看，劳模精神也是政党—国家政治运作的产品，具有政治存在性的一面。

劳模精神不仅是社会意识形态，而且是现代国家建设的资源禀赋。由于劳模精神介于社会存在和政治存在之间，国家力量之所以建构劳模精神，恰恰在于它是现代国家建构中不可或缺的结构性资源。一是增强社会成员对劳动实践以及经济建设中心地位的认同，动员劳动群众和产业工人在生产一线建功立业；二是引导社会资本和政策资源向劳动管理领域倾斜，构建有助于知识型、技能型、创新型人力资本培育和涌现的激励机制、培训系统、评价体系；三是劳动模范是工人阶级和劳动群众的杰出代表，劳动群众—劳动模范—劳模精神的建构路径表明，在市场经济体制下，国家力量依然践行“从群众中来，到群众中去”的群众工作路线；四是有助于彰显先锋队政党的阶级属性，有助于凸显工人阶级在国家政治形态中的领导地位，有助于弘扬“劳动创造历史，人民是历史的英雄”的历史唯物主义精神；五是弘扬和践行劳模精神是社会主义精神文明建设的重要内容，是推进政治民主化、政治社会化的重要载体。

第八章

永不褪色的奖章：劳模精神的制度化发展

爱岗敬业、争创一流，艰苦奋斗、勇于创新，淡泊名利、甘于奉献”的劳模精神，生动诠释了社会主义核心价值观，是我们的宝贵精神财富和强大精神力量……我们一定要在全社会大力弘扬劳模精神、劳动精神，大力宣传劳动模范和其他典型的先进事迹，引导广大人民群众树立辛勤劳动、诚实劳动、创造性劳动的理念。

——习近平在庆祝“五一”国际劳动节暨表彰全国劳动模范和先进工作者大会上的讲话，2015年4月

中华人民共和国成立至今，中国共产党在继承中央苏区、陕甘宁边区劳模运动实践传统基础上，先后进行了16次国家层面的劳动模范表彰活动，累计表彰了全国劳动模范和先进工作者34008人次。全国劳模奖章是有历史感的，而劳模精神是永恒的，推进劳模表彰程序化、劳模精神建构制度化是中国共产党领导劳模运动发展的必然趋势。全国劳模奖章的背后，蕴含着中国共产党不断推进马克思主义劳动观中国化时代化的理论自觉、政治自觉、实践自觉，彰显出劳模精神穿越历史、观照当下、引领未来的强大精神力量。

一、劳模精神的形象表达

马克思主义政党是一个极为重视信仰体系建设和精神力量塑造的政党，将精神性要素作为激活工人阶级阶级意识和劳动群众主体力量的重要资源。百年来，中国共产党在中华民族伟大复兴的目标引领下，书写了“换了人间”的伟大奇迹，在物质上创造了一个富强中国，在政治上创造了一个民主中国，在精神上创造了一个文明中国，并且孕育形成以伟大建党精神为代表的中国共产党精神谱系。劳模精神是中国共产党精神谱系的构成要素，是马克思主义劳动观与中华传统劳动伦理、中国人民劳动实践和社会主义劳动体制相结合的时代精神和观念形态。

2021年9月29日，劳模精神被党中央正式纳入中国共产党精神谱系中，成为伟大建党精神在社会劳动领域的现实展开和集中表达。劳模精神是劳动模范集体精神和阶级品格的集中体现，也是中国共产党着力推进政治建构的结果①。尽管在时序上，劳模精神位于改革开放以后精神谱系的序列上，但从出场场景看，它诞生于中国共产党在中央苏区局部执政时期，发展于陕甘宁边区时期，在中华人民共和国成立后逐步迈入制度化建构阶段。劳模精神是纵贯革命、建设和改革各个历史时期的中国共产党人的伟大精神。

姚荣启的《中国劳模史（1932—1979）》以中国共产党领

---

① 刘佳：《论劳模精神的政治逻辑》，《南通大学学报（社会科学版）》2019年第4期，第22—28页。

导劳模运动的历史实践为时间线索，阐述了劳模运动由地方性实践发展为全国性运动，由社会生产领域的激励机制发展为社会主义国家建设的动员机制的基本历程和历史逻辑。沿着这一历史实践进程，劳动模范的政治品格和阶级精神被中国共产党不断提取、赋值和再演绎，劳模运动进而同中国共产党建构共产主义劳动伦理和社会主义劳动文化关联起来。劳模运动是中国共产党建构劳模精神的社会实践基础，劳模精神的政治建构离不开劳模运动的实践性支撑。

中华人民共和国成立以后，中国共产党建构劳模精神的实践形态呈现出新特点，即在延续革命年代自上而下开展劳模运动和生产竞赛的实践传统的基础上，更加注重劳模精神建构的制度与程序，逐渐形成了以劳模表彰大会为依托的劳模精神建构的制度化载体。中国社会科学院研究员姚力对新中国成立初期到20世纪80年代全国劳模表彰大会的历史背景、表彰进程、社会效应和时代价值等作出全方位阐述，揭示中国共产党在社会主义条件下建构劳模精神的宏观战略考量和微观历史场景，指出通过表彰劳动模范，不仅弘扬主旋律，传播正能量，有力回击了资产阶级自由化思想的侵蚀①，而且保存了中华民族的集体记忆，树起了中华民族的精神丰碑②。中国劳动关系学院

① 姚力：《20世纪80年代全国劳模表彰及其时代价值》，《当代中国史研究》2020年第5期，第48—58页。

② 姚力：《1977—1979年的全国劳动模范表彰》，《当代中国史研究》2015年第5期，第39—47页。

研究员李珂进一步从制度变迁的视角考察新中国成立以来劳模评选制度的阶段性特点，指出劳模评选制度的变化折射出劳模精神时代内涵的丰富和发展①。中国劳动关系学院教授彭维锋立足习近平在历次全国劳模表彰大会上的重要讲话及其相关重要论述的政治文本，对新时代劳模精神的理论基础、历史逻辑、时代内蕴、实践价值、弘扬路径等进行了系统阐释和学理分析②。

由上面的论述可见，研究者正逐步摒弃抽象的价值分析和理论演绎的研究范式，遵循“社会存在决定社会意识”的历史唯物主义研究路径，探寻作为实践形态的劳模运动与作为价值形态的劳模精神之间的内在联系③，并且已经注意到制度性要素在劳动精神当代建构中的关键作用。但是，关于劳模精神制度建构的政治过程及其社会功能，劳模精神的制度形态与中国特色社会主义制度体系的内在关系等理论问题还缺少更为深入的学理性研究，这也是构建中国特色“劳模学”不可回避的重大问题。

二、动员、仪式与制度

劳模精神是内在于劳动模范群体的阶级品格和精神品质，

---

① 李珂：《楷模与引领：劳动模范评选制度的嬗变与省思》，《教学与研究》2018年第6期，第77—84页。

② 彭维锋：《习近平总书记关于劳模精神的重要论述研究》，《山东社会科学》2019年第4期，第154—163页。

③ 刘佳：《新时代劳模精神研究的理论视野及其学术体系构建》，《工会理论研究》2021年第5期，第40—49页。

这种“内在性”需要依靠政党力量予以开掘、呈现和表达。根据现代政党政治理论，政党是连接国家与市民社会的桥梁纽带[①]，社会系统的利益结构与诉求需要通过政党表达出来，社会空间的精神现象与文化创造需要通过政党予以呈现。因此，没有政党力量的介入，劳模精神就只能作为依附于劳动模范个体而存在的某种“自在性”精神状态，一旦政党意识到劳模精神与政党战略目标以及政党意识形态的契合性，就会极力开掘和充分利用蕴含于劳模精神背后的政治性资源，将其纳入政党精神谱系之中。在此意义上，劳模精神与其说是“自在”的，倒不如说是由政党建构而成的。劳模精神的建构实践是中国共产党领导推进劳模运动的重要组成部分，历经动员式建构、仪式性建构和制度化建构三个阶段。

（一）动员式建构

土地革命战争时期，中国共产党创建中央苏区革命根据地，开启局部执政之先河，探索国家治理经验。中央苏区是土地革命的主阵地，也是工农武装割据的大后方。革命既是一场军事指挥艺术和能力的较量，也是一场资源生产和配置效率的比拼，正如毛泽东所指出的：“要增加生力军保护革命，非解决土地问题不可。其作用，在解决土地问题后即能够解决财政

① 景跃进：《将政党带进来——国家与社会关系范畴的反思与重构》，《探索与争鸣》2019年第8期，第85—100页。

问题及兵士问题。”[①]土地革命包含相互联系的两个问题：一是土地所有权问题，变封建半封建土地所有制为农民土地所有制；二是生产组织化问题，在资源禀赋受限，经济流通受阻的条件下如何最大限度地提高社会生产力。

解决好所有权问题是加速生产组织化的基础，而只解决所有权问题并不能彻底激活苏区群众参与劳动生产的能动性和主体性。为此，党在中央苏区创造性地开展劳动竞赛和生产合作化运动，实行以农民土地所有制为基础的生产竞争与劳动合作制度，对多劳者予以奖励和表彰，中国共产党领导的劳模运动由此发端。在中央苏区时期，尽管劳动模范群体在称谓上并不一致，但都充分体现出“为革命而劳动”的共产主义劳动伦理和无产阶级的阶级觉悟。劳模精神在劳动竞赛和合作化运动的推动下，成为中国共产党局部执政的意识形态符号，中国共产党“希望借此创造出一种模范再生产机制，一种新价值观引领机制”[②]。

（二）仪式性建构

中国共产党历经长征，落脚陕北以后，军事斗争和生产供给的结构性压力依旧存续。党继承中央苏区劳动竞赛的有益经验，不断扩大劳动竞赛的参与面和辐射面，形成全员劳动、共抓生产、促进发展的生动局面。随着赵占奎、吴满有等劳动模

---

① 《毛泽东文集》（第1卷），北京：人民出版社1993年版，第43页。

② 游海华：《新价值观构建与引领：苏区时期中国共产党树立劳模的历史考察》，《福建论坛（人文社会科学版）》2020年第11期，第81—94页。

范人物大量涌现，如何将劳动模范的先进事迹同中国共产党革命战略和共产主义意识形态连接起来，就成为党在延安时期建设新民主主义文化的一件大事。党采取的策略是：以高规格、大规模、公开化的政治仪式塑造劳动英雄，建构劳模精神，因为只有在视听冲击、空间延伸与精神想象中才能完整呈现英雄人物的象征意义。[①]1943年11月，陕甘边区政府召开第一届劳动英雄代表大会，对全区近500名劳动英雄予以高规格表彰。此后，以劳动模范和劳动英雄为对象的公开性表彰仪式在晋冀鲁豫边区、晋绥边区、晋察冀边区等革命根据地逐步推开。中共中央领导人以及各根据地党政军主要负责人亲自出席表彰大会并发表讲话。

由于外线军事斗争形势的进一步恶化，生产与军事之间的紧张关系尚未得到根本性缓解，劳动英雄表彰仍存在一定的“运动化”倾向。劳动精神建构的制度性要素尚不完整，如评选标准不统一、指标化现象比较突出、表彰周期不稳定、对被表彰对象后续引导和教育政策不完善等。“由于政治上强烈的急功近利心态，具体工作中有时出现了敷衍了事、粗枝大叶作风，以及部分民众对于动员目标的不清楚、不支持、不满意等态度，都使得表彰的具体动员功效受到影响。”[②]

① 王建华：《中国革命的乡村道路》，北京：中央文献出版社2019年版，第252页。

② 孙云：《延安时期劳模表彰运动的实际功效——以吴满有形象的建构及影响为例》，《党史研究与教学》2013年第2期，第11—22页。

（三）制度化建构

“制度化”是内在于现代化进程的客观趋势，现代化的议程包含利益生产与再分配，“制度的创设与存在都是因为它为既定制度下的相关个体带来了比在其他制度下更大的利益”[①]。制度本身具有增加利益存量、保护利益相关者不受侵犯的重要作用。实现现代化是贯通中国共产党百年历史的一条主线，中国共产党不仅能够打破一个旧世界，而且善于建设一个新世界，新世界的建设要在制度革新上破题。中华人民共和国成立后，党和政府探索建立社会主义劳动体制，形成了义务劳动、劳动竞赛、群众性发明创造、提供合理化建议等一系列社会生产动员和激励制度，营造出“比拼赶超”的劳动竞争氛围。中国共产党在国家层面相继举行了16次表彰大会，推动劳模评选规范化、劳模表彰仪式化、劳模形象典型化、劳模精神大众化。劳动模范评选和表彰的制度性要素日趋健全完备，逐步被纳入社会主义国家制度体系之中，成为社会主义国家劳动动员体制的支撑性要素。

具体来说，中国共产党推动劳模精神制度建构与社会主义国家制度体系相衔接，大致经过四个阶段：一是劳模精神制度化初创阶段（1950—1960年）。1950年，全国总工会副主席李立三提出“要把评选劳模形成固定的制度”，“全国性的劳

① 何俊志：《结构、历史与行为——历史制度主义的分析范式》，《国外社会科学》2002年第5期，第25—33页。

模大会每年可举行一次”的设想[①]。党和政府分别于1950年、1956年、1959年、1960年召开4次全国劳模表彰大会[②]。此时劳模表彰仍处在制度化探索阶段，劳模评选表彰标准不断调整，全国劳模表彰大会的召开时间尚未形成制度安排。受思想路线和政治运动的影响，1961—1976年全国劳模表彰大会中断。二是劳模精神制度化恢复期（1977—1988年）。1977年5月9日，党中央在人民大会堂召开全国先进生产者表彰大会，标志着中断16年之久的全国劳模表彰大会得以恢复。此后，中央有关部门以及全国总工会制定出台了一批关于劳模工作的制度文件，如《劳动模范工作暂行条例》（1980年）、《中华全国总工会等部门关于保护劳动模范身体健康的几项规定》（1983年）等，完善劳模工作的制度布局，形成了以发现—评选—表彰—宣传—关怀—激励为一体的劳模工作制度架构。三是劳模精神制度化定型期（1989—2012年）。以1989年全国劳动模范和先进工作者表彰大会召开为标志，全国劳模表彰大会开始形成每5年举行一次的传统，全国劳模由党中央、国务院表彰，颁发奖章和证书，并给予一定数额奖金。党和国家领导人出席大会并为受表彰的劳动模范、先进工作者颁授奖章。“此次表彰革除了过去一些不统一、不明确、不完善的做法，摒弃了群众

① 《中共中央文件选集（1949年10月—1966年5月）》第4册，北京：人民出版社2013年版，第199页。

② 1950年召开的是“全国工农兵模范代表会议”，1956年、1959年、1960年召开的是“全国劳动模范表彰大会”。为方便论述，本文统称为“全国劳模表彰大会”。

运动的方式，制度化、常规化的体制机制被固定下来。”[①]四是劳模精神制度化进入新时代（2012年至今）。党的十八大以来，中国特色社会主义进入新时代。习近平总书记亲自出席全国劳模表彰大会、同全国总工会领导班子集体谈话，主持召开知识分子、青年学生、劳动模范座谈会，在地方调研期间同产业工人、劳动模范亲切交流，给中国劳动关系学院劳模本科班学员回信，围绕劳动模范和劳模精神发表了一系列重要论述，对做好新形势下劳模工作提出明确要求，领导制定新时代产业工人队伍建设改革方案，为新时代劳模精神制度建构指明了前进方向，提供了根本遵循。全国劳模表彰成为党和国家功勋荣誉表彰中的重要奖项。

三、奖章的政治隐喻

党的十九届四中全会将马克思主义在意识形态领域指导地位作为一项根本制度纳入中国特色社会主义制度体系中，标志着党推进意识形态制度化建构迈出关键性一步。根据马克思主义唯物史观基本原理，意识是人类现实生活的表现，具有客观实在性；而意识形态则是由特定阶级建构而成的产物，直接服务于统治阶级论证其政治地位合法性的需要。这种建构实践的突出特征是：建构意识形态的主体与被建构起来的意识形态相分离，意

① 姚力：《20世纪80年代全国劳模表彰及其时代价值》，《当代中国史研究》2020年第5期，第48—59页。

识形态在形式上表现为一种外在于建构主体的“客观存在”，正如马克思所说：“每一个力图取得统治的阶级……都必须首先夺取政权……把自己的利益又说成是普遍的利益。”①

劳模精神具有两种存在形式：一是作为政治意识，反映了执政党和国家推崇一种什么样的劳动观；二是作为群众观念，劳模精神是人民群众创造精神、首创精神的集中体现，是中华民族精神在劳动实践领域的生动表达。作为群众观念，劳模精神内在于人民群众和劳动模范的生产实践中；而作为一种政治意识，它是中国共产党经由一系列制度化程序建构而成的“一种高层次的道德追求”②，政党赋予劳模精神以“爱岗敬业，争创一流”的政治品格、“艰苦奋斗，勇于创新”的实践理性、“淡泊名利，甘于奉献”的社会价值。根据劳模精神建构的主体结构与存续形式，我们构造出解释劳模精神制度化建构的四维机制模型（图1）。

		存续形式	
		政治意识	群众观念
主体结构	政党主体	国家建设机制	群众路线机制
	劳模主体	观念表达机制	典型教化机制

图1　劳模精神制度化建构的四维机制模型

① 《马克思恩格斯文集》（第1卷），北京：人民出版社2009年版，第536—537页。

② 全国总工会课题组：《深入学习贯彻习近平总书记关于工人阶级和工会工作的重要论述》，北京：中国工人出版社2021年版，第116页。

（一）内在动力：劳模精神的国家建设机制

国家建设机制是一种宏观机制，即政党主体根据社会主义国家建设实践的进程与阶段性任务，建构劳动模范的国家形象，赋予劳模精神以国家意义。

劳动模范是社会主义国家建设的杰出贡献者，是共和国的功臣。劳模精神不是抽象的观念符号，“它不是在每个时代中寻找某种范畴，而是始终站在现实历史的基础上，不是从观念出发来解释实践，而是从物质实践出发来解释各种观念形态”[①]。劳模精神作为一种观念形态，在本源意义上是由劳动模范的劳动实践活动以及国家所处的社会历史方位所决定的。随着时代的发展以及党和国家战略任务的调整，关于劳动模范的认定标准、选树要求、评价指标也必然发生变化。社会主义国家建设塑造出一批批烙着时代印记的劳动英雄，决定并影响着劳模精神制度化建构的基本要素与结构形态。

中华人民共和国初期，劳动模范的评选标准同延安时期劳动英雄的遴选要求基本保持一致，同时又增添了一些新的评价维度。根据《共产党宣言》关于无产阶级政权建立后的执政方略，共产党夺取政权后，必须集中力量发展社会生产，提高社会生产力。发展生产特别是推进国家工业化，尽快恢复国民经济，对中国共产党来说不仅是一种道义上的责任，更是摆在眼前的现实性任务。为此，中国共产党建立起以劳动竞赛、鼓励

① 《马克思恩格斯文集》（第1卷），北京：人民出版社2009年版，第544页。

发明等为基础的全民劳动动员体制。在该体制下，劳动模范是劳动竞赛的胜出者、合理化建议的提出者、生产革新的推动者，生产力标准自然就成为劳模评选的首要标准。正如1950年《关于召开全国战斗英雄代表会议和全国工农兵劳动模范代表会议的决定》所指出的，这次会议的重要目的在于“鼓励全国工人阶级发扬新的劳动态度，克服困难，提高劳动生产率”。改革开放以后，中国对外开放的广度深度持续加大，日益融入世界市场体系，在国际产业分工和价值链中占据重要位置，创新性劳动对改进生产工艺、完善生产流程、提高生产效率的贡献度越来越高，创新意识、创造能力、革新精神也逐渐成为劳模评选的重要参考指标。党的十八大以来，全面建成小康社会，进而开启社会主义现代化国家建设新征程成为党和国家的战略性任务，劳模表彰对象也越来越多地向脱贫攻坚、改革创新、大国重器、风险防范等领域倾斜。

尽管劳动模范的评定标准随着时代发展和社会变迁呈现出差异性变化，但有三项价值标准是一以贯之的。一是政治标准，劳动模范必须是中国共产党的坚定跟随者、社会主义制度的坚定拥护者、工人阶级领导地位的坚定捍卫者。二是能力标准，劳动模范必须具有超越于一般劳动群众的劳动技能、生产绩效和劳动能力，具有创新思维、变革意识和挑战精神。三是道德标准，劳动模范能够自觉地将个体性劳动与社会主义事业连接起来，具有为国家而工作，为人民而劳动的崇高思想境界，“激发出与时俱进甚至超时俱进的精神力量，呈现着社会进步的最新发展方向，反映着时代进步的最新潮流走向，创造着一个社会最新的、引领性的精神气质、精神风貌和社会风尚”①。

（二）群众基础：劳模精神的群众路线机制

群众路线机制旨在解决政党主体如何在劳动群众中发现、培养和选树劳动模范，这是劳模精神建构的基础性机制。

从中国共产党领导劳模运动的历史进程可知，劳动模范最早是“被发现”②出来的，从而进入政党意识形态生产系统之中。在中国共产党看来，劳动模范不仅是劳动生产战线的先进模范和优秀代表，更是弥足珍贵的政治典型和意识形态资源。中华人民共和国成立后，中国共产党在社会生活的各个方面广泛开展了“树典型”运动。这是一项成本低廉、获益面广的公共产品③，一则节省经济激励的费用，二则节省管理成本，三则为全社会提供了可借鉴、可学习、可效仿的对象。劳动模范是党在社会生产领域遴选树立的典型形象，集政治性、先进性、群众性于一体。政治性和先进性（劳动能力的领先性和道德境界的崇高性）是劳动模范应当具备的基本标准，而群众性

① 彭维锋：《习近平总书记关于劳模精神的重要论述研究》，《山东社会科学》2019年第4期，第154—163页。

② 孙云：《延安时期劳模表彰运动的实际功效——以吴满有形象的建构及影响为例》，《党史研究与教学》2013年第2期，第11—22页。

③ 刘林平，万向东：《论“树典型”——对一种计划经济体制下政府行为模式的社会学研究》，《中山大学学报（社会科学版）》2000年第3期，第110—115页。

则主要是从劳动模范的产生及其社会功能的角度来界定的。

劳动模范从群众中产生，而后又融于群众之中，最终成为党和政府联系群众的桥梁纽带，成为领导群众创造新伟绩的旗手。群众路线为劳模精神的制度建构奠定了坚实的社会基础，使劳动模范的政治形象、劳模精神的观念在群众面前得以充分展现和有力确立。劳动模范来自人民群众，经过群众遴选而产生。“在一切群众中，通常总有比较积极的部分及中间状态及落后状态的部分。”①劳动模范是人民群众中在社会生产方面比较积极的那一部分，淡泊名利，刻苦钻研，在他们身上集中展现出中华民族勤劳勇敢的民族精神。党和政府委托各级工会开展劳模推荐和评选，工会在评选劳动模范时践行群众路线，深入一线职工群众了解被推荐者的政治思想状况、专业技术能力、社会群众基础等，充分发扬民主集中制，坚持公平、公开、透明原则，确保劳动模范推荐、评选各环节经得起群众监督和历史检验。

（三）政治文本：劳模精神的观念表达机制

观念表达机制是劳模精神制度化建构的关键一环，是指政党主体激活马克思主义理论资源，在社会主义建设实践语境下对劳模精神进行再阐释，依托政治文本构建阐释和表达劳模精神的话语体系。

---

① 《刘少奇选集》（上卷），北京：人民出版社1981年版，第356页。

确定劳动模范的标准、树立劳动模范典型，是劳模精神制度建构的两个基础性条件。以此为基础，中国共产党借助劳动模范表彰大会这一政治仪式，由党的最高领导人发表重要讲话，对劳模精神的时代内涵与实践要求进行系统阐释，在搭建劳模表彰空间场景的同时，生产出对劳模精神内涵与价值作出权威阐释的政治文本体系。政治文本由党的最高领导人宣读，代表党和国家对劳动模范和劳模精神的最权威政治认定和评价。以习近平总书记在2020年全国劳动模范和先进工作者表彰大会上的重要讲话为例，我们可以看到政治文本在劳模精神建构中所承载的四项基本功能：一是象征功能。重申工人阶级是中国共产党的阶级基础和国家的领导阶级的重大政治原则，指出劳模精神是工人阶级的伟大品格，是伟大民族精神的集中体现。二是宣誓功能。党和国家向全体劳动模范和先进工作者表示祝贺，向全国各条战线的广大劳动群众致以衷心感谢，赋予劳动模范以崇高的政治价值和社会地位：民族的精英、人民的楷模、共和国的功臣。三是释义功能。阐释劳模精神、劳动精神、工匠精神的时代内涵和当代意义，强调劳模精神是社会主义核心价值体系的重要组成部分，是民族精神和时代精神的集中体现。四是动员功能。“政治仪式中的政治参与只能为权力生产和再生产提供基本资源，它并不是一种同时能够将这些资源转化为权力的装置。在政治仪式中，是自上而下的政治动员发挥着这种装置的功能。”[①]习近平总书记的重要讲话向全党、全社会发出明确动员信号：劳动模范是社会主义现代化建设的宝贵资源，尊重劳动模范、弘扬劳模精神是全社会的共同责任，为各级党委、政府和工会组织开展劳模工作提供了根本遵循和行动方向。

（四）社会认同：劳模精神的典型教化机制

劳模精神一旦确立，就被纳入中国共产党精神谱系中，成为中国共产党的政党意识形态以及社会主义国家的主流意识形态。典型教化机制，就是以教育和传播相结合的方式，推动劳模精神从政党空间进入社会空间，使之成为公共性意识形态资源，不断扩大劳模精神的社会认同度，增强劳模精神对人民群众的影响力和感召力。

意识形态由政治力量建构而成，依附于政治主体而存在。但是，如果意识形态只依附于政治主体而拒绝走向社会，其存续和发展必将受到限制，从而造成意识形态陷入窒息和自我衰退。所谓主流意识形态，一定是社会层面的意识形态，“只有在社会层面，在社会意识形态的谱系中，才存在着不同意识形态之间的竞争关系，主流与非主流的序列格局就是在这种竞争中确立起来的”[②]。由此可见，劳模精神的建构及其社会化是

① 王海洲：《政治仪式——权力生产和再生产的政治文化分析》，南京：江苏人民出版社2016年版，第57页。

② 李冉：《谁之主流，何以主流：主流意识形态的问题研判与建设愿景》，《清华大学学报（哲学社会科学版）》2014年第5期，第84—90页。

具有内在联系且又有显著区别的两种不同实践形态：在建构层面，政党主体要在劳动模范中提取劳模精神，将劳模精神阐释体系纳入马克思主义的思想传统中；在社会化层面，政党主体要将劳模精神打造成为具有广泛传播性和普遍认同度的主流价值观念，使之在同其他社会观念的竞争中脱颖而出，占据社会价值谱系的主导位置。在这方面，中国共产党已经作出了一些制度性安排：一是建立劳模工作室、荣誉室、以劳模名字命名的先进操作法等制度，形成以劳动模范人物为中心的劳动共同体，让劳动模范回归生产空间，依托生产政体中既存的丰厚社会网络资源，实现劳模精神的社会化传播。二是建立劳模精神“进学校”制度，将劳模精神教育纳入大中小学劳动教育、思想政治理论课教学等国民教育体系，重点加强对青少年群体的劳模精神教育和引导。三是建立劳动模范深入群众宣讲机制，组织广大劳模深入基层群众和生产一线，讲述劳动背后的故事，分享创新创造的事迹和感悟，构建劳动模范与广大劳动群众的情感场域。

四、劳模精神的制度化发展

劳模精神建构是中国共产党百年历史的精彩篇章，党建构劳模精神的实践模式从动员式建构、仪式性建构发展到制度化、规范化的新阶段。劳模精神的制度化建构夯实了劳模运动的发展基础，增强了劳模精神的思想引领力、社会号召力和群众动员力，丰富了各级工会开展劳模工作的制度依据和实践抓手。与此同时也要看到，当前劳模精神的制度化建构还存在一些短板和不足，面临不少问题和挑战。一是市场逻辑对劳模选树提出挑战，特别是在“偶像化”时代，公众对劳动模范的关注度和注意力受到一定的影响。二是制度要素发展不均衡。尽管劳动模范评选表彰制度相对比较健全，但是如何更好发挥劳模作用，构建弘扬和践行劳模精神长效机制还存在一些制度空白。三是信息化、数字化对选树劳动模范、传播劳模精神提出更高的要求，如何在互联网环境下吸引民众对劳动模范的关注，是亟待纳入顶层设计的重要议题。社会主义现代化国家建设新征程已经开启，新时代、新征程必将涌现出更多的劳动模范和大国工匠，进一步推动劳模精神制度化发展势在必行。

第一，明确制度方位。制度不是孤立存在的，不同制度之间要形成“联动结构”，通过编织制度网络，构建制度体系，完善制度执行机制，确保制度存量充足、制度要素健全、制度内容规范、制度执行有力。劳模精神的制度化发展是中国特色社会主义制度体系自我完善和发展的必然要求，劳模精神的制度方位只有立足于中国特色社会主义制度体系的大视野中，才能得到充分的揭示和呈现。一方面，劳动模范评选和表彰是国家荣誉制度体系的重要组成部分，其本质是以国家名义通过制度化方式塑造“劳动最美丽”“劳动最崇高”的社会主义主流价值观；另一方面，劳模精神制度化是落实马克思主义在意识形态领域指导地位根本制度的内在要求。劳模精神制度化是发展新时代中国特色社会主义制度体系的重要内容，它表明党领导下的劳模运动日趋规范、成熟，同党的领导制度、社会主义劳动制度、马克思主义在意识形态领域指导地位的根本制度等一系列制度实现了有机衔接，意味着劳模运动进入制度化建构的新阶段，“体现为对劳动、知识、人才、创造的尊重，并在现代化建设过程中为社会主义核心价值观的培育和践行开辟道路”[①]。随着中国特色社会主义制度体系不断完善和发展，劳模精神的制度化进程将进一步提速，制度要素对当代中国劳模运动的政治意义将进一步显现。

第二，完善制度要素。劳模精神的制度化建构是一项系统工程，它不是针对某一项具体制度而言的，而是基于当代中国劳模运动发展的总体态势和战略价值而作出的系统谋划。劳模精神的制度化发展通过一系列具体制度要素的共同作用予以体现和推动，如劳模发现制度、劳模评选制度、劳模表彰制度、劳模保障制度、劳模监督制度、劳模激励制度、劳模宣传制度等。在既有的制度资源中，评选和表彰等制度要素相对健全完备，保障、监督、宣传等制度要素还有待完善优化。《中国工运事业和工会工作“十四五”发展规划》已经提出完善劳模培养选树和管理服务，加强劳模教育，创建和创新劳模工作室，开展劳模精神宣传和普及等方面的政策举措和制度规划。接下来，既要分门别类地做好相关政策制定和制度体系搭建，也要

① 郭根：《国家荣誉制度建设的时代诉求、遵循逻辑与实践超越》，《学术论坛》2017年第5期，第160—165页。

注重不同制度之间的衔接性、一致性和贯通性，制定出台做好新时代劳动模范工作的指导性意见，确保不同制度要素相互补充、高效联动，形成合力。

第三，创新制度执行。制度的生命力在于执行。劳模精神的制度化既是政党自上而下强力推动的结果，也是各级工会组织、生产主体和广大劳动模范自下而上探索实践的结果。劳模精神制度化具有“软约束”性，这就要求工会、生产主体等积极创新制度执行的方式和手段，丰富劳模精神制度化建构的基层案例和实践经验。新时代劳模需要培育，更需要被发现。比如，在发现劳模阶段，探索常态化劳模培育与临时性劳模选树相结合的劳模遴选机制，支持群众通过互联网、App等终端向工会组织推荐（或自荐）劳动模范，对确为重大先进典型的要及时宣传报道、予以表彰。再如，在阐释劳模精神阶段，目前学界关于劳模精神的理论研究与现实工作需求相比还有很大的差距。学理研究是政治阐释的重要补充，要把深化新时代劳模精神研究摆在更加突出位置，组建新时代劳模精神研究机构，建立跨学科研究团队，推出具有思想含量、理论分量和时代能量的学术产品。

第四，强化制度支撑。制度是“软约束”，离不开必要的“硬件”支撑。推进劳模精神制度化发展与推进劳模工作改革创新具有一致性，要把劳模精神制度化建构的支撑性要素“立起来”，让制度不悬空，使制度能落地。一是强化技术支撑。搭建全国统一的劳动模范和先进工作者管理系统，实现对劳动模范和先进工作者的全过程、周期性管理和服务。二是建立展示平台。建立新时代劳动模范主题展览馆和专题门户网站，全方位、多视角、滚动式展示劳动模范的先进事迹和崇高精神，更好发挥劳动模范思想引领、典型育人的社会功能。三是创新网络传播。遵循互联网、微时代、数字化传播的趋势和规律，研发设计劳动模范网络形象和文化创意产品，培育劳动模范的“粉丝群”；在大中小学开设劳动模范专题课程，重点面向青年学生讲好新时代劳模故事，让越来越多的劳动模范成为青年人的新偶像。

第九章

劳模精神融入中国特色劳动教育体系

设立劳模工作室、技能大师工作室、荣誉教师岗位等，聘请相关行业专业人士担任劳动实践指导教师。把劳动教育纳入教师培训内容，开展全员培训，强化每位教师的劳动意识、劳动观念，提升实施劳动教育的自觉性，对承担劳动教育课程的教师进行专项培训，提高劳动教育专业化水平。

——《中共中央 国务院关于全面加强新时代大中小学劳动教育的意见》，2020年

劳模精神既是时代精神，也是十分宝贵的教育资源。新时代以来，党中央把劳动教育摆在突出位置，作出顶层设计。2020年，中共中央 国务院印发《关于全面加强新时代大中小学劳动教育的意见》，强调要发挥劳动教育的综合育人功能，完善劳动教育课程体系和育人体系，特别强调要把劳模精神教育作为劳动教育的重要内容，聘请劳动模范担任劳动实践指导教师，将劳模精神纳入劳动教育课程体系。劳模精神是贯彻党的教育方针，落实立德树人根本任务的重要资源，向青年学生讲述好劳模故事、劳动故事、工匠故事是培养担当民族复兴大任时代新人的题中之义，是劳模精神内化于心、外化于行的重要路径。

一、劳动教育的理论检视

谈到劳动教育，人们并不陌生。在中华民族的文化传统中，劳动是每一个人对于家庭（家族）的天然义务和责任，自食其力被视为基本伦理纲常，坐享其成则会被族人（家人）嗤之以鼻。在我们每一个人的童年经历中，几乎都体验过来自长辈们关于“辛勤劳动”“诚实劳动”“义务劳动”的道德叙事，都因自觉主动劳动而受到表扬和称赞，也几乎都因“懒惰”“欺骗”“懈怠”而被严厉斥责。

在以农业生产为安身立命之本的古典中国，劳动是家庭（家族）的核心功能，“日出而作，日入而息”的规律性、周期性劳动推动中华民族的繁衍和生息，也孕育出中华民族热爱劳动、辛勤劳动、诚实劳动的伟大民族精神。劳动教育首先发生于家庭（家族）内部，是家庭治理和家族再生产的一部分，它以道德教育和伦理建构的形式发挥作用。劳动使人看到生活的希望，获得前行的动力，“每每在家贫业薄寡母孤儿的境遇，愈自觉他们对于祖宗责任之重，而要努力兴复他们的家”[①]。从这个意义上讲，劳动自古以来就是中华文明的内在基因，是流淌于中国人血脉之中的文化符号。

现代意义上的劳动教育，抑或我们对“劳动教育”概念的通常理解，是以“劳动”与“教育”相分离为前提的。正是因为两者之间的相对分离，才在客观上造成了从外部入手将两者统一起

① 梁漱溟：《中国文化要义》，上海：上海人民出版社2005年版，第78页。

来的内在要求，即在劳动层面提出了教育的目标，在教育层面提出了劳动的要求。而造成“劳动”与“教育”相分离的原因解释众多，马克思恩格斯从资本主义现代性批判的角度给出了一种具有历史辩证法意蕴的理论说明。在资本主义私有制条件下，“人变成对自己来说是对象性的”，“他的生命表现就是他的生命的外化，他的现实化就是他的非现实化，就是异己的现实”[①]，这样，作为人之为人本质规定性的劳动，就成为人的身外之物，就成为脱离于人且独立于人的一种异己性存在。作为人的本质力量现实展开和自由个性全面彰显的内在规定性，劳动异化为奴役人、压制人、剥削人的手段，成为占有社会财富的极少数人控制失去社会财富的大多数人的工具。此时的“劳动教育”已经完全异化为资本主义生产体系和雇佣劳动体制的一个具体环节，劳动教育成为资本主义劳动技术训练的“代名词”。以上构成马克思主义劳动教育思想的立论前提，但具体内容与基本命题不限于此。胡君进（2018）等将马克思主义劳动教育观凝练为三条原则：“劳动形成人的本质，劳动是实现人的全面发展的重要途径，教育与生产劳动相结合是社会主义教育的根本原则。”[②]郝文武（2020）研究了马克思主义劳动教育的本体论及其当代意义[③]；

① 《马克思恩格斯文集》（第1卷），北京：人民出版社2009年版，第189页。

② 胡君进，檀传宝：《马克思主义的劳动价值观与劳动教育观——经典文献的研析》，《教育研究》2018年第5期，第9—15页。

③ 郝文武：《马克思主义劳动教育的本体论和时代性意义》，《山西大学学报（哲学社会科学版）》2020年第3期，第103—111页。

程从柱（2020）在此基础上进一步研究了劳动教育促进人的自由全面发展的支持性条件，一是人类劳动对自然的控制与超越，二是劳动自身的发育程度所创造的积极社会条件[①]。

与上述学者对马克思恩格斯劳动教育思想的文献学研究不同，另一些学者从教育科学和教育实践的视角来定义劳动教育，这也是当前国内劳动教育研究的主导范式。其理论假设是：劳动是社会主义国家教育体制和教育实践的一个元素，劳动本身就是国民教育体系的内容之一，随着国家现代化进程的推进以及教育体制改革的深化，劳动在教育政策体系中的“边缘性”位置将逐步改观，取而代之的是国家对于劳动教育的高度重视以及相关政策的制度创新。在此研究范式下，劳动教育呈现出三种理论面向：一是作为价值理念。徐海娇、艾子（2019）认为，1949年以后，我国劳动教育形态的变迁深刻反映出国家对于劳动教育性质—功能的认识论变化，从而决定了劳动教育在社会主义国家教育体系中的价值属性和功能作用，这一过程大致可以描述为：凸显体能、侧重生产、变成工具、突出技术、立足素养[②]。二是作为公共政策。我国劳动教育政策是政府主导推动建构的制度形态，体现满足社会需求与意识

① 程从柱：《劳动教育何以促进人的自由全面发展——基于马克思主义劳动观和人的发展观的考察》，《南京师大学报（社会科学版）》2020年第3期，第16—26页。

② 徐海娇，艾子：《新中国成立70年我国劳动教育价值取向的历史进程与反思展望》，《广西社会科学》2019年第11期，第171—176页。

形态建设的内在统一[①]，体现从重体力劳动向脑体并重、从重国家需求向重个体价值、从重单一技能向重综合素养转变[②]。三是作为教育实践。学界围绕大中小学劳动教育课程设置、教材编写、学分制度、考核体系、组织实施、社会参与、校本实践等进行了多维研究，然而在实践中，政策文本与实践形态之间还存在巨大鸿沟，“劳动教育薄弱”问题长期存在[③]，劳动教育从价值理念到公共政策最后转化为教育实践仍任重道远。

不难看出，马克思主义文献学研究范式则侧重于还原劳动教育在历史唯物主义和科学社会主义思想谱系中的立论依据和科学意义，教育科学研究范式侧重于将劳动视为一种教育形态，对其所蕴含的教育价值进行挖掘和呈现。劳动教育的政策体系和制度形态在本质上是国家政治形式的直观表达，“一切共同的规章都是以国家为中介的，都获得了政治形式”[④]。然而，文本主义的单向度崇拜难以看清劳动教育对社会主义国家建构的政治意义，而以教育学知识体系为中轴所构建出的诠释框架与理论体系，则有将作为政治形态的劳动教育“矮化”为一般性教育政策或教育实践之嫌疑。如何超越既有的研究范式

① 宋乃庆，王晓杰：《新中国成立以来我国劳动教育政策发展：回眸与展望》，《思想理论教育导刊》2020年第2期，第76—80页。

② 张鹏飞，高盼望：《新中国成立以来劳动教育政策的变迁与展望》，《当代教育科学》2020年第2期，第86—91页。

③ 武秀霞：《“劳动”离教育有多远？——关于劳动教育实践问题的反思》，《当代教育论坛》2020年第3期，第114—121页。

④ 《马克思恩格斯文集》（第1卷），北京：人民出版社2009年版，第584页。

和理论认知，在中国社会主义运动和现代国家建构的政治实践中理解和阐释新时代劳动教育的内在逻辑，这本身就是推动马克思主义劳动学说中国化的一项重要任务，也是我们理解将劳模精神融入当代中国劳动教育体系的基础和前提。

二、劳动与教育相结合

“劳动教育”的概念范畴可以有两种阅读和理解方式：第一种是“偏正结构”，即以“劳动”为实体性内容的教育实践或教育活动，它可以转述为“以劳动为内容的教育”；第二种是“动宾结构”，在这里“教育”是主词，“劳动”是主词的展开与行动，亦可理解为劳动是教育的一种形式、一种手段或一种方法。而作为工具性、过程性的“劳动”对于教育实践的价值就在于，人通过劳动这一中介环节实现对自然和社会关系的改造和重构，在此过程中，人也不断提高自身行动能力、建构意义世界、培育现代人格。这里的“劳动”既包括以改造客观世界为指向的体力劳动，也包含用抽象理性方式把握世界的脑力劳动。无论对“劳动教育”作何种解读，有一点是毋庸置疑的，即劳动教育之所以在现时代引人注目，被载入社会主义国家建设的政治议程，一个很重要的原因在于，劳动实践与育人目标发生了脱节，或者说作为育人载体和目标的劳动实践已经逐步远离“立德树人”的价值轨道，而造成这种“严重脱节”的原因又是历史性的、复杂性的，对这一问题的解决仅靠

“劳动”一方或“教育”一方都是难以达成的。此时，就必须有一种外在于“劳动”与“教育”的强大力量介入进来，扭转两者脱节的局面，以实现两者的内在统一，即恩格斯意义上的“劳动创造了人本身”[①]。这里的“人本身”不仅是指具有生命意义的生物人，更是指具有道德意义的社会人。故而，劳动教育进入国家建设的政治议程就不难理解了。

那么，这种外在于“劳动”和“教育”的强大力量是什么呢？本文给出的答案是政治国家。从理论逻辑上看，政治国家的出现本身就是社会历史矛盾运动的结果，而国家一旦出现，也就意味着社会历史矛盾在一定程度上获得解决的可能性，“这种从社会中产生但又自居于社会之上并且日益同社会相异化的力量，就是国家”[②]。所以，马克思恩格斯在探讨国家职能的时候，既看到其维护阶级利益和阶级统治的政治功能，也看到了其维护公共利益、化解各方利益冲突的社会功能。政治国家在解决社会矛盾方面——无论是历史哲学意义上的对立统一性，还是社会生活领域中的利益冲突——具有先天优势。继而推之，政治国家的积极介入不仅能够凭借其自身的强大力量扭转“劳动”与“教育”相脱节的困境，同时，一种以劳动为内容和手段，以育人为价值和目标的新型政治文明也孕育而生。

以上分析仅仅是一种理论上的推论，对这一问题的认识还

① 《马克思恩格斯文集》（第9卷），北京：人民出版社2009年版，第550页。

② 《马克思恩格斯文集》（第4卷），北京：人民出版社2009年版，第189页。

必须深入“历史的那一度”（海德格尔语）去把握，因为一切观念的东西无外乎都是历史的“副产品”。用哲学话语来定义，劳动就是使世界“对象化”的活动。这种“对象化”活动，一方面，使人类从外部世界中获得维系自身存续和发展的必要物质条件；另一方面，通过人的活动使外部世界深深烙上人类思维和行动的印记。这样一来，通过劳动这个中介，人与世界就被连接为“你中有我，我中有你”的共同体。劳动本身就是“人之为人”的内在依据，正是因为人类具有劳动能力，才能从野蛮时代进入文明时代，才使人同动物区别开来。

“人们为了能够‘创造历史’，必须能够生活。但是为了生活，首先就必须需要吃喝住穿以及其他一切东西，因此第一个历史活动就是生产满足这些需要的资料，即生产物质生活本身。”[①]人类历史的大幕正是借助于物质生产劳动开启的，只不过在原始社会生产力水平极度低下、生产工具十分匮乏简陋的条件下，人类必须根据血缘、亲缘关系构建劳动共同体，以“集体—分工劳动”这一特殊方式进行物质生活资料生产，否则作为个体的人就难以存活下去，个体的生命存续决定于所在共同体“分工—协作”的实现程度。在此情形下，劳动与人的生命本质直接关联，两者之间没有任何外在的连接纽带和形式伪装，不劳动或者脱离于共同体之外独自劳动，都是对个

① 《马克思恩格斯文集》（第1卷），北京：人民出版社2009年版，第531页。

体生命的极大挑战。因此，原始共同体的一项重要功能就是向共同体成员传授劳动技能、提出分工劳动要求，树立“分工—协作”劳动的权威性、纪律性和道义性。这可以视为“劳动教育”的原初形态，作为原初形态的劳动教育本质上是原始共同体存续繁衍的基础条件，是人类生命意义的直接彰显。

进入私有制社会以后，劳动作为一项社会权利逐步与劳动者相分离，原始共同体那种彰显人类生命意义的劳动形式一去不复返了，“劳动教育”的原初形态在私有制条件下被彻底瓦解了。资本主义社会是私有制的最高实现形式。在资本主义制度条件下，劳动者与生产资料相分离，占有生产资料的一方凭借其强大的经济—政治力量，控制了丧失生产资料一方的劳动强度、劳动节奏、劳动组织形式，资本主义体制下的“劳动霸权”由此形成并通过“工厂体制”表现出来。马克思在《1844年经济学哲学手稿》中将资本主义制度下生产资料与劳动者相分离概念化为“异化劳动”。“异化”不仅意味着工人丧失生产资料，还意味着工人丧失了“集体尊严”和“自我意识”，“工人与劳动之间就如同永诀的恋人，永远山水相隔，无法相互对象化，也就失去了自我意识生长的可能”①。但是，只通过生产资料与劳动者相分离这一维度来理解“异化”是远远不够的，国家维度必须介入。美国社会学家布洛维的“生产政体”理论指出，劳动异化不仅是一个市场选择的结

① 陈周旺：《国家、工人与认同斗争：回溯至马克思》，《复旦学报（社会科学版）》2015年第2期，第142—147页。

果，更是由上层建筑和意识形态塑造而成的产物，“生产领域也有自己的上层建筑，刚开始我把它称作‘内部国家’，后来我称之为生产的政治和意识形态机构”①。

“异化”的发展史是由资本家来书写的，是由政治国家来叙事的，这里的政治国家就是资本家阶级在经济上占统治地位的上层建筑。正如马克思所指出的：“新兴的资产阶级为了‘规定’工资，即把工资强制地限制在有利于赚钱的界限内，为了延长工作日并使工人本身处于正常程度的从属状态，就需要并运用国家权力。”②当然，国家权力的作用范围并不局限于“规定工资”这一个方面，建构与资本主义社会化生产体制相适应的劳动教育体系也是它的一项重要内容。一是劳动技能教育，使工人熟练地掌握现代机器生产技术，通过熟练工对半熟练工的替代以降低可变资本，实现剩余价值最大化；二是劳动纪律教育，规范工人在生产线上的操作规则和技术要领，规训工人听从生产指挥者发出的行动指令；三是意识形态教育，向工人阶级灌输资产阶级意识形态，传播“干一天活，挣一天工资”的劳动宿命论，解构工人阶级激进的抗争意识，瓦解工人阶级的阶级意识。资产阶级的学校体系和劳动教育制度被国家权力塑造成为一个完全服务于资产阶级政治统治和“劳动霸权”的机构，“这种学校里的每一句话，都是根据资产阶级的

① 刘乐明：《生产政体与异化劳动——关于异化劳动理论的新解读》，《毛泽东邓小平理论研究》2015年第1期，第52—55页。

② 《资本论》（第1卷），北京：人民出版社2004年版，第847页。

利益捏造出来的。在这样的学校里，与其说是教育工农年青一代，倒不如说是对他们进行符合资产阶级利益的训练。教育这些青年的目的，就是训练对资产阶级有用的奴仆，使之既能替资产阶级创造利润，又不会惊扰资产阶级的安宁和悠闲”[①]。

三、科学社会主义视域下的劳动教育

随着资本霸权的确立，作为资本主义雇佣劳动体制本质规定性的“异化精神”，已经作为一项基本原则全面贯彻于资本主义生产的各个环节，浸透于资本主义教育体系和教育活动的各个方面，资本主义劳动教育完全“资本”化了——成为名副其实的可变资本的再生产工具。

随着工业革命的深入推进，劳动教育从最早期的行会学徒制度逐步经历了一轮“去管制化”的演进过程。随着1824年英国《禁止结社法》被废除后，技术工人的联合规模逐步扩大，工人组织化行动的意识和能力显著提高，工人阶级与资本家之间的政治斗争风起云涌。学徒制“纠缠于英国工会主义运动之中”，它从一种旨在向学徒传授操作技术与生产经验的劳动教育体制，转变为一种劳资之间进行博弈和谈判的工具，“学徒制技能培训的质量已经不再是重点了”[②]。学徒制度这种古老

① 《列宁专题文件》（论无产阶级政党），北京：人民出版社2009年版，第280页。

② 王星：《技能形成中的国家、行会与劳工——基于英国行会学徒制演化的社会学分析》，《华东师范大学（教育科学版）》2020年第4期，第96—106页。

的劳动教育体制逐渐被组织化、制度化、程序化的现代劳动教育体制所取代。这种替代性方案是以“国民教育”的名义出场的，即将劳动教育、技能教育引入学院体制中，使其课程化、学分化。马克思在《哥达纲领批判》中对“国民教育”进行了尖锐批判，“‘由国家实行国民教育’是完全要不得的。用一般的法律来确定国民学校的经费、教员资格、教学科目等等，并且像美国那样由国家视察员监督这些法律规定的实施，这同制定国家为人民的教育者完全是两回事！”[①]

其实，工人阶级对资产阶级劳动教育的策略性和目的性早已心知肚明。在19世纪30年代的英国宪章运动中，工会组织和“宪章派”就提出改革资产阶级教育制度的政治诉求，并且凭借一己之力尝试构建无产阶级的教育体制，这项任务在当时主要是由工会来承担。“在这里，孩子们受到纯粹无产阶级的教育，摆脱了资产阶级的一切影响，阅览室里只有或者几乎只有无产阶级的书刊。这种设施对资产阶级是很危险的，他们已经在某些类似的设施中，即在‘技术学校’中消除了无产阶级的影响，并且把它们变成在工人中间传播对资产阶级有利的科学知识的机构。”[②]遗憾的是，工会组织和“宪章派”的努力只能是杯水车薪。面对资本主义雇佣劳动体制以及资产阶级在经济—政治上的绝对霸权，工会试图构建无产阶级劳动教育

① 《马克思恩格斯文集》（第3卷），北京：人民出版社2009年版，第447页。

② 《马克思恩格斯文集》（第1卷），北京：人民出版社2009年版，第473页。

体制的努力终将以失败收场，“工会的历史充满了工人的一连串的失败……工会在所有影响这种关系的重大原因面前是无能为力的”①。

那么，面对上述困境，工人阶级应当如何破局呢？如何从根本上摧毁“异化精神”在社会生产体系和国民教育体系中的霸权地位呢？马克思恩格斯给出了工人阶级集体行动的政治方案，即工人阶级在共产党领导下联合成一个整体性的政治阶级，这个政治阶级在共产党——工人阶级先锋队政党——直接领导下同资产阶级开展政治斗争，“工人革命的第一步就是使无产阶级上升为统治阶级”②。作为统治阶级的无产阶级在国家政权体系中获得绝对领导地位，成为国家政治权力的掌握者，此时的政治国家即为无产阶级专政国家。“它实际上意味着自觉自为的工人阶级在阶级革命获得成功之后，借助国家制度体系在国家政权领域之中开辟了存在空间，于是工人阶级成为同国家政权同构在一起的政治阶级。”③无产阶级专政国家的缔造标志着工人阶级解放迈出了实质性一步，但非全部，因为上升为统治阶级只能表明在政治领域中无产阶级获得了自由，而要实现在劳动领域的解放，还有十分漫长的道路要走，

① 《马克思恩格斯文集》（第1卷），北京：人民出版社2009年版，第452页。

② 《马克思恩格斯文集》（第2卷），北京：人民出版社2009年版，第52页。

③ 汪仕凯：《阶级政治、劳工政治与生产政治：工人政治的理论框架及其解释逻辑》，载陈明明主编：《政治发展新战略：回归与超越》，上海：复旦大学出版社2018年版，第50页。

毕竟在劳动领域的解放不可能像疾风暴雨那般在一夜之间实现，它是一个社会生产力长时间积蓄和质变的过程。因此，马克思恩格斯对无产阶级政治革命后如何继续推进社会革命作出了原则性安排，即“无产阶级将利用自己的政治统治，一步一步地夺取资产阶级的全部资本，把一切生产工具集中在国家即组织成为统治阶级的无产阶级手里，并且尽可能快地增加生产力的总量”[①]。

这个总体性原则安排概括起来，就是构建以生产资料公有制为基础的无产阶级劳动体制。马克思恩格斯之所以作出这样的制度设计，主要出于三个方面的考虑：一是符合社会历史发展规律，发展生产力是人类存续和发展的第一要义，没有这一条，一切美好的社会制度都只能是乌托邦；二是彻底改变劳动者与生产资料相分离的状况，以国家强制力——以无产阶级国家的名义消灭私有制——收回资产阶级全部生产资料并将其作为无产阶级和全社会的共同财富，实现劳动者与生产资料的复合，这是根除“异化”的治本之策；三是在意识形态层面上彰显对资本主义文明的超越性，通过社会组织化劳动培育和建构集体主义、社会主义、合作主义的伦理精神和道德文化，彻底抛弃霍布斯意义上的“一切人反对一切人”的资本主义意识形态“黑洞”。

社会主义劳动体制是以实现劳动解放为政治目标，以共产

① 《马克思恩格斯文集》（第2卷），北京：人民出版社2009年版，第52页。

主义劳动伦理为价值导向，以实现社会生产力发展和人的全面自由发展为旨归，与无产阶级专政体制相适应的社会化劳动生产组织体系和动员系统。劳动教育是社会主义劳动体制的构成部件之一，是维系社会主义劳动体制与实现社会主义劳动者再生产的支撑性要素。马克思恩格斯从科学社会主义的原则高度对劳动教育做了经典概括，“相比于进步资产阶级与空想社会主义的想法，马克思和恩格斯主张在工业发展的条件下，在未来的社会主义和共产主义社会，将教育和社会劳动联结起来，这个看法被称为‘至今在劳动教育领域最重要的理论成就’”[①]。很显然，在社会主义劳动体制下，劳动教育不仅是一项教育命题，更是一项关乎社会化大生产以及人类文明形态建构的社会历史性命题，其范畴和内涵已经远超出教育本身，越来越多地呈现出社会主义政治文明的功能维度和价值意蕴。

劳动在建构人类社会历史的同时，也在创造出属于自身的政治形态。人类解放内在地包含劳动解放，人类解放的终极形态就是使劳动获得在经济上解放的政治形式，这一政治形式建立在生产资料的社会所有制基础上，政治国家将被自由人的联合体所取代。到那时，人类将真正实现对生产资料和劳动产品的完全占有，劳动因而也真实地成为人的本质规定性。作为社会主义政治形态要素的劳动教育，其独特的政治功能和价值意义体现在四个方面：

① 〔德〕沃尔夫冈·弗里茨·豪格：《马克思主义历史考证大辞典》，俞可平译，北京：商务印书馆2018年版，第435页。

一是政治宣誓。资本主义体制下的劳动教育是以实现可变资本再生产为目的的单纯性劳动技能教育，旨在优化人力资本构成结构，降低生产成本，提高剩余价值产出率。与此相反，社会主义体制下的劳动教育公开宣示劳动的目的在于满足人民的美好生活需要，在于实现人的自由而全面的发展，劳动教育是社会主义生产的工具理性和价值理性的有机统一。

二是培育政治接班人。共产主义事业需要靠一代又一代人的接力奋斗方可实现，锻造具有共产主义觉悟和专业化劳动能力的政治接班人至关重要。邓小平指出："为了培养社会主义建设需要的合格的人才，我们必须认真研究在新的条件下，如何更好地贯彻教育与生产劳动相结合的方针……在无产阶级取得政权之后，这是培养理论与实际结合、学用一致、全面发展的新人的根本途径。"①

三是社会生产动员。社会主义是干出来的。劳动教育的过程也是面向社会成员进行生产动员的过程，即根据社会生产需求实际情况，借助制度化、组织化的教育活动将社会成员引导至社会生产最急需、最重要的领域，促进劳动力资源的合理流动和优化配置。作为社会生产动员的手段之一，劳动教育还具有引导学生理性就业、稳定社会秩序、调控资源流向的重要功能。中华人民共和国成立初期，义务教育阶段中小学毕业生出现了"就业危机"，为解决这一问题，"配合1953年农业合

① 《邓小平文选》（第2卷），北京：人民出版社1994年版，第107页。

作化运动的发展态势形成合力，共同推动劳动教育从理念走向实践”[①]，由此形成了之后高小毕业投身劳动实践的第一波高潮。

四是意识形态建构，即建构社会主义劳动伦理和劳动文化的功能。如前所述，社会主义体制下的劳动教育不仅是一项优化人力资本构成的技能训练，其更深远的政治意图在于培养社会主义建设者和接班人，由此塑造而成的社会主义劳动者因具备社会主义的政治意识和政治品格而与西方自由市场上的劳动者区别开来。根据列宁的观点，劳动者不可能自发形成社会主义、共产主义的阶级意识，它是借助先锋队政党的力量由外向内“灌输”进劳动者意义世界中的，这项“灌输”活动以劳动教育的形式进行。正如习近平指出的：“必须牢固树立劳动最光荣、劳动最崇高、劳动最伟大、劳动最美丽的观念，让全体人民进一步焕发劳动热情、释放创造潜能，通过劳动创造更加美好的生活。”[②]

四、中国劳动教育的历史逻辑

在中国语境下谈及“劳动教育”时，有必要加上“社会主

① 刘亚娟：《建国初期劳动教育的兴起与上海的地方性实践》，《北京理工大学学报（社会科学版）》2018年第4期，第167—172页。

② 习近平：《在同全国劳动模范代表座谈时的讲话》，《人民日报》2013年4月29日，第2版。

义”这个定语。这不是一个可有可无的修饰词，而是对当代中国劳动教育的政治定性。习近平指出：“党和国家的长期实践充分证明，只有社会主义才能救中国，只有中国特色社会主义才能发展中国。”[①]社会主义是当代中国改革发展进步的旗帜，也是当代中国劳动教育的本质属性和鲜亮底色，如果用一句话来概括当代中国劳动教育的政治形态，那就是“社会主义劳动教育”。社会主义劳动教育的政治形态不是在短时间内一蹴而就的，它是在中国社会主义运动长期历史过程中逐步孕育、发展、定型的结果，是政党—国家政治力量积极介入和自主建构的政治产品。如果以1949年中华人民共和国成立为时间起点，社会主义劳动教育的发展大致形成了三个版本。

一是组织化劳动教育，即“1.0版”的劳动教育政治形态。作为科学社会主义的一项基本原则，发展社会生产力无疑是无产阶级夺取政权后的当务之急。然而，面对百废待兴的国家以及国际封锁、敌特破坏的严峻形势，市场体制下的自由竞争原则很难有效发挥作用。为此，中国共产党借助政治力量重构了生产资料所有制形式和产业体系规模布局，确立了社会主义计划经济体制，即“在生产资料的社会主义公有制基础上，国家按照经济发展的规律，从国民经济的实际情况出发，制定经济、社会建设与发展的统一计划，使整个社会生产和再生产有

① 习近平：《紧紧围绕坚持和发展中国特色社会主义 学习宣传贯彻党的十八大精神》，《党建》2012年第12期，第33—36页。

计划地进行”[①]。此时的劳动教育俨然成为社会主义计划经济体制的一部分，是由政党—国家直接调控的、有组织的劳动力资源的再生产活动。习仲勋在《1954年文化教育工作的方针和任务》报告中将劳动教育作为解决国家劳动力资源短缺问题的重要途径：“中学教育的任务，一方面为高等学校培养新生，另一方面为国家各项建设事业供应具有一定文化科学知识的劳动后备力量。”[②]劳动教育纳入国家总体生产计划中，是由政党—国家直接发出指令，学校、工厂、农村共同参与实施的国家工程。

二是市场化劳动教育，即“2.0版”的劳动教育政治形态。1978年党的十一届三中全会以后，随着极“左”意识形态的退去以及以经济建设为中心的国家发展战略的确立，资本的意识形态属性逐步淡化，其撬动经济发展、调动社会活力、激发人民创造性的工具性价值日益得到重视。社会主义市场经济体制的建立将资本拉回到现代政治的中心地带，以按劳分配为主体、多种分配方式并存的劳动成果分配制度极大激发了人民群众的劳动热情。在市场体系全面建立、激活的背景下，劳动教育从计划时期作为一种国家政治行为转型为适应市场化改革、劳动力市场发育、生产要素自由配置的经济主义行为。所谓

① 林尚立：《当代中国政治形态研究》，天津：天津人民出版社2017年版，第111页。

② 周兴国，曹荣荣：《新中国的劳动教育：观念演变与发展》，《中国教育科学》2020年第3期，第25—34页。

“经济主义行为”，就是市场主体根据理性计算法则，当成本小于收益时而采取的行动策略。具体来说，就是劳动教育以满足市场需求为目的，学校与市场形成劳动教育共同体，实习实训、岗位实践、教学实习、勤工助学、校外兼职、产学研结合等成为这一时期劳动教育的主要形式。这种劳动教育形式有助于学生毕业时顺利找到满意的工作，有助于市场降低用工成本和缩短人力资源培训周期，使劳动力生产嵌入学校教育之中，学校教育与市场需求结构借助劳动教育这个中介达成某种默契。

三是制度化劳动教育，即“3.0版”的劳动教育政治形态。市场化劳动教育实现了对组织化劳动教育的替代，但资本的狂飙突进对社会主义劳动教育所承载的价值意义的冲击也不容小觑。劳动教育在当下突出表现出一系列价值危机，有学者将其概括为劳动教育目的的“外在化”、劳动教育方法的“规训化”、劳动教育途径的“去身体化”、劳动教育环境的“去自然化”等①。这些问题引发了人们对劳动教育正当性和价值性的反思，一股否定、歪曲、虚无化劳动教育的言论鼓噪于耳，对劳动教育正本清源已是当务之急，由此促成了政党—国家从制度形态入手推动社会主义劳动教育体系的整体重构。劳动教育制度化的另外一个动因也不容忽视，即中华人民共和国成立特别是改革开放以来，我国劳动教育在组织体系、资源配置、政策供给、条件保障、平台构建、课程设计等方面积累了大量

① 徐海娇：《劳动教育的价值危机及其出路探析》，《国家教育行政学院学报》2018年第10期，第22—28页。

理论、实践和制度成果，如何将这些成果进行系统整合和优化组合，以释放劳动教育的强大育人功能，也是新时代劳动教育体系建构的战略考量。基于此，2020年3月，中共中央 国务院印发《关于全面加强新时代大中小学劳动教育的意见》（以下简称《意见》）。《意见》全面贯彻马克思主义劳动观和习近平总书记关于劳动教育的重要论述，坚持守正与创新相统一、思想与行动相统一、整体与部分相统一的基本原则，标志着劳动教育作为国家制度体系的重要组成部分被确定下来，是中国特色社会主义劳动教育发展的重大突破[①]。

新时代社会主义劳动教育具有五个显著特点：第一，在问题意识方面，直接解决当前劳动教育的突出问题和工作短板。随着改革的深化，社会主义市场经济的发展以及科学技术的发展，企业生产方式、劳动组织方式、收入分配方式发生了巨大变化，极大地调动了劳动者的积极性、主动性和创造性，但同时社会上也出现了一些轻视劳动、不尊重劳动者的现象，在部分地区、领域甚至比较严重，在一些青少年中也出现了不珍惜劳动成果、不想劳动、不会劳动的现象[②]。因此，必须加强顶层设计和政策规划，推动上述问题稳妥有序逐步得到解决。第二，在价值导向方面，坚持立德树人的根本目标，坚持社会

① 刘佳：《上好新时代劳动教育这门“必修课”》，《大众日报》2020年4月7日，第7版。

② 陶志勇：《新时代劳动观》，北京：中国工人出版社2021年版，第208—209页。

主义教育方向，坚持“德才兼备、以德为先”的教育方针，注重将劳动伦理、劳动文化、劳动法治教育与劳动技能、劳动实践教育相融合，在劳动者中积极培育和践行社会主义劳动价值观。比如，充分发掘劳模精神的意识形态资源，将弘扬劳模精神作为社会主义核心价值观建构的重要内容，发挥其政治象征、政治动员、政治教化、政治参与等育人功能[①]。第三，在实施过程方面，坚持劳动教育贯穿大中小学各个学段，融入家庭、学校、社会教育各个环节，使劳动教育成为一项全要素、全系统、全方位、全过程的教育活动。其中，青少年劳动教育在社会主义劳动教育中具有基础性、先导性作用。2013年5月，习近平在同全国各族少年儿童代表共庆“六一”国际儿童节讲话时指出：“生活靠劳动创造，人生也靠劳动创造。你们从小就要树立劳动光荣的观念，自己的事自己做，他人的事帮着做，公益的事争着做，通过劳动播种希望、收获果实，也通过劳动磨炼意志、锻炼自己。”[②]第四，在组织领导方面，坚持中国共产党对劳动教育的全面领导，发挥党总揽全局、协调各方的政治优势，整合各方面教育资源和社会力量，构建开放型、参与型的社会化劳动教育组织体系。第五，在教育内容方面，劳动实践作为一个承载体，它可以充分兼容德育、智育、体育、

① 刘佳：《社会主义国家建设视野下劳模精神再阐释》，《内蒙古社会科学（汉文版）》2019年第5期，第39—46页。

② 中共中央文献研究室：《习近平关于青少年和共青团工作论述摘编》，北京：中央文献出版社2017年版，第89页。

美育等多种类型教育活动，可以使不同类型的教育活动最大限度释放育人价值，达到“综合育人”①的特殊效果。这与西方国家将劳动教育视为一种改进优化人力资本构成的手段形成鲜明对比，也是社会主义劳动教育的特殊性所在。

五、新时代劳动教育的原则与路径

一切幸福美好生活都必须依靠劳动而创造，社会主义是干出来的。劳动观点是马克思主义的基本观点，劳动教育是社会主义教育的重要组成部分。党的十八大以来，以习近平同志为核心的党中央在守正创新中深化对中国特色社会主义教育事业发展规律的认识，推进社会主义劳动教育形态的整体重塑与制度建构。中共中央　国务院出台《关于全面加强新时代大中小学劳动教育的意见》，教育部据此制定《大中小学劳动教育指导纲要（试行）》，劳动教育被提升至关乎中国特色社会主义事业薪火相传和实现中华民族伟大复兴的战略高度。这在中国劳动教育发展史上是绝无仅有的，在国际劳动教育实践中也是空前的，中国特色社会主义劳动教育进入新时代。

（一）新时代劳动教育的基本原则

教育工作在本质上是做人的工作，旨在促进人的全面发展

① 陈宝生：《全面贯彻党的教育方针 大力加强新时代劳动教育》，《人民日报》2020年3月30日，第12版。

和成长进步。育人是一项涵盖德、智、体、美、劳等多维度目标的价值系统，即全面塑造个体认识世界的能力以及改造世界的能力。前者侧重于使人类文明成果和既有知识体系在不同代际间实现传承、积累和再创造，后者致力于实现人的主观意志“对象化”以及知识体系“客体化”，集中表现为个体改造外部世界的能力和过程。由此可见，劳动在本源意义上就包含教育的旨趣，作为一种教育资源、教育方式和教育理念的劳动教育，天然地蕴含于教育实践之中。教育离不开劳动实践的强力支持，劳动是一种特殊的教育实践方式。

进入新时代，党和政府进一步加大了对劳动教育的支持力度，加强顶层设计和资源投入，全面推进劳动教育体制机制改革，劳动教育迎来新的“春天”。同时也要看到，社会公众对做好新时代劳动教育的认识还没有完全统一，表现为对劳动教育的重大意义理解不深，对劳动教育的必要性和紧迫性把握不准等问题。一些观点认为，当前的劳动教育是对计划经济时代劳动教育模式的“复制”，形式意义大于实质意义；还有一些观点主张，正在进行的劳动教育只不过是西方劳动教育模式的“翻版”，借鉴意义大于原创价值，不一而足。这些思想认识都是不准确的。造成上述问题的原因是多方面的，根本原因在于没有从科学社会主义的原则高度去看待新时代劳动教育的理论深意和政治意涵，没有从坚持和发展中国特色社会主义的战略高度去把握劳动教育的现实意义和时代价值。可见，要在工作实践层面上将党中央、国务院关于做好新时代劳动教育的指导意见落实落地，要将劳动教育的育人理念和政策体系转化为丰硕的育人成果，就必须从政治高度准确把握当代中国劳动教育的社会主义属性，这是做好新时代劳动教育的思想前提。

坚持政治性。新时代劳动教育的社会主义属性，首先表现在劳动教育的政治性上。在我国，劳动教育不是一般性的教学任务和学生事务，而是中国共产党执政兴国的基础性、战略性工程，是立德树人的关键环节，直接关乎中国特色社会主义事业继往开来和薪火相传。劳动为强国奠基，民族因劳动而兴，劳动教育是内在包含于社会主义国家建设的政治命题。指导思想、领导体制和工作体系构成劳动教育政治形态的三个组成要素。在指导思想方面，社会主义劳动教育坚持以马克思主义劳动观为指导，全面贯彻党的教育方针，主张劳动实践是历史发展的推动力量，历史是人通过劳动而创造的历史，弘扬“劳动最光荣，劳动最美丽，劳动最崇高”的劳动价值观，构建社会化劳动体制是社会主义国家现代化建设的重要任务；在领导体制方面，中国共产党领导是中国特色社会主义最本质的特征和最大的制度优势，劳动教育是中国共产党领导教育强国战略的重要内容，党对劳动教育进行全面领导、作出顶层设计、破解实践难题、推动工作落实，坚持党的全面领导是新时代劳动教育的鲜明特点和最大优势；在工作体系方面，构建以党委领导、政府推动、学校落实、社会参与、市场介入、群团支持、家庭响应的全方位、全过程劳动教育工作体系，形成以学校、社会、企业、家庭等为主体的社会化劳动教育共同体，推动劳动教育从“象牙塔”走向“寻常百姓家”，使劳动教育成为社会普遍共识，让“劳动最美丽”在全社会蔚然成风。

体现全面性。西方国家也十分重视劳动教育，形成了较为丰富的实践经验和系统化的劳育理念。在西方语境下，劳动教育就是把学生从学校引向社区和企业，让学生在劳动中了解社会体系运行的基本规则、熟知合格公民应履行的基本义务、树立法治观点和社会规则意识、培养学生的政治参与能力，促使学生成为安分守己、遵纪守法、履行责任的合格公民，以此维护西方民主秩序和资源配置机制的合法性与稳定性。而社会主义劳动教育不是西方意义上的“公民教育”，它不是将劳动实践作为“规训”人的手段和方式，而是将劳动实践作为全面育人、全方位育人不可或缺的关键环节，劳动实践具有综合育人的功能。青年学生是社会主义劳动大军的有生力量，习近平指出：“实现中国梦，创造全体人民更加美好的生活，任重而道远，需要我们每一个人继续付出辛勤劳动和艰苦努力。”培养德智体美劳全面发展的社会主义建设者和接班人是社会主义劳动教育的核心要义和根本任务。劳动教育不仅旨在培养学生的劳动意识、劳动技术、劳动能力，更在于引导学生树立正确的社会主义劳动价值观，以辛勤劳动为荣，以好逸恶劳为耻，养成从小爱劳动、懂劳动、学劳动、会劳动的思想观念和行为习惯，使个人理想在社会主义劳动实践中变为现实，让美好的青春年华在壮丽的劳动事业中绚丽夺目。

突出实践性。实践原则是劳动教育从理念向行动转化时应当遵循的具体规范和一般要求，是劳动教育实施主体共同遵守的行为准则。如果说西方国家劳动教育的实践原则是由自由主义教育观所决定的，强调劳动教育的自主性和市场化，那么我国劳动教育的实践原则本质上是马克思主义劳动观的具体展开，是社会主义教育原则在劳动教育领域的具体体现。一是强调劳动教育的组织性与规范性。突出劳动教育的顶层设计和国家意志，劳动教育的目标任务由国家统一规定，劳动教育课程建设、教材建设、平台建设、队伍建设由国家统一部署，避免分兵作战、各自为营，防止劳动教育沦为一般性的人力资源培训和市场交易活动。二是遵循劳动教育的规律性和递进性。根据不同学段学生的差异性特点，设计劳动教育目标任务和重点内容，坚持因材施教、因地施教方针，突出劳动教育的梯度、力度和递进性，将劳动教育贯穿青少年成长全过程、国民教育各方面、社会建设各领域。三是突出劳动教育的价值性和引导性。推动思想政治教育与劳动教育深度融合，防止劳动教育形式化、走过场，避免劳动教育成为一般性的体验活动，既让学生在劳动实践中流汗流泪，也要引导学生思考劳动过程、结果与社会进步、个体成长之间的关联，使学生在劳动实践中观察社会、了解国情、熟悉历史，培养青年学生与人民群众的朴素情感，增强学生用马克思主义立场、观点、方法分析和解决社会问题的能力。

新时代劳动教育在政治形态、育人目标和实践原则上充分体现了马克思主义劳动观点和社会主义教育方针，从而与西方劳动教育形成重大差别和本质区别，充分彰显了当代中国劳动教育的时代特色、民族特色、理论特色，极大拓展了马克思主义劳动教育理论的视野和广度。当代中国劳动教育是社会主义性质的劳动教育。准确理解劳动教育的社会主义属性及其实践要求，是推进新时代劳动教育守正创新、行稳致远的思想前提和重要保证。

（二）完善教学体系

劳动教育是一个动态演进的政策体系、组织体系和育人体系，因势而为、因时而变是劳动教育的鲜明特征。中国特色社会主义进入新时代，必须聚焦时代发展的中心命题、国家改革的重点任务、人才培养的核心使命，在守正与创新、思想与行动、整体与部分相统一中上好新时代劳动教育“必修课”。

第一，坚持守正与创新相统一。中国共产党是守正创新的政党，中国特色社会主义劳动教育是守正创新的事业。既要坚守马克思主义劳动观的基本立场、基本观点、基本方法，也要理论联系实际，创新马克思主义劳动观教育的理念、方法、载体和内容，使崇尚劳动、热爱劳动的价值观念扎根青年学生的意义世界，并转化为青年一代改造世界、实现梦想的积极行动。既要坚守中国共产党推进劳动教育的历史经验、优良传统和成功做法，也要结合时代发展和实践需要，坚持问题导向，着力解决劳动教育重形式、轻内容的问题，切实扭转劳动教育理念淡化、课程体系建设弱化、公众理解片面化等问题，努力创新劳动教育的组织形态、课程形态、制度形态，使劳动教育面貌得到整体改观，劳动教育质量实现跨越发展。

其中，完善劳动教育教材体系是关键。近些年，学校劳动教育教材虽然层出不穷、品类繁多，但是系统阐述马克思主义劳动观和中国特色社会主义劳动关系的教科书较为少见。还有一些教科书质量不高、内容重复、东拼西凑，理论性不足，时代感缺失，亲和力不强。加快补齐教材短板，编写符合中央要求、体现时代特点、满足学生需求的劳动教育课程教材十分紧迫。一方面，要将劳动教育课程建设纳入中央马克思主义理论研究和建设工程进行整体谋划；另一方面，形成以“教材+教辅材料”为基本结构的高校劳动教育教材体系，编写《大学生劳动文化导论》《劳模精神何以美》《工业文化导读》《劳动文化经典文献导读》等教学辅导书、学习参考书、课外阅读书。

第二，坚持思想与行动相统一。新时代的劳动教育不是计划经济时期工厂劳动、农业劳动、义务劳动的“复制版”，也不是用劳动教育取代课堂知识教育、思想政治教育、心理健康教育的“替代版”，更不是对西方国家劳动教育体制机制的“模仿版”，而是扎根中国大地，汲取中华优秀劳动文化，与社会主义现代化强国战略相适应、与时代新人培养目标相贯通的“升级版”。作为“升级版”的劳动教育，其最大特点就是坚持思想与行动相统一。一方面，新时代劳动教育的重心在于劳动理念教育、劳动价值培育、劳动品格培养、劳动精神传承，劳动教育本质上就是马克思主义劳动观教育。正如《意见》指出："使学生能够理解和形成马克思主义劳动观，牢固树立劳动最光荣、劳动最崇高、劳动最伟大、劳动最美丽的观念。"另一方面，劳动教育是"知意行"相互衔接的有机整体，在知晓意会的基础上，要培养学生的基本劳动能力，使之形成良好的劳动习惯和行为习惯。新时代劳动教育必须引导学生深入实践、摸爬滚打、出力出汗，让教育充满乡土色彩、生活气息、汗水味道。

当前，学界对如何开展劳动教育，以及如何选择适合的方法体系开展劳动教育课程教学尚有分歧。一些人认为，劳动教育就是把学生带向田间地头，流汗出力；还有些人认为，劳动教育就是向学生讲述劳动作为育人方式的理论、历史与实践。上述观点有一定的道理，但并不全面。劳动教育不同于一般的实践教学，劳动价值观教育也有别于一般意义上的政治教育。在劳动教育中，大学生不仅要依据劳动的内容和条件展开行动，而且要以劳动的目标和要求为实践导向，并以与他人、集体相关联、相协同的方式存在，致力于更深刻地体悟责任规范对人际关系交往、劳动关系的价值和意义。这就要求教师准确把握高校劳动教育的特殊属性和育人要求，在全面调研了解学校劳动教育课程建设经验的基础上把握教法规律，深入研究劳动教育理论课与劳动教育实践课深度融合的有效方式和实现载体，以创新性研究成果指引和推动劳动教育课程高质量发展。

第三，坚持整体与部分相统一。劳动教育是一个开放性社会系统工程，这是由劳动教育“具有树德、增智、强体、育美的综合育人价值”的本质属性所决定的。上好新时代劳动教育“必修课”，必须坚持整体与部分相统一的原则，把握劳动教育的辩证法，既要立足全局、着眼长远，科学规划劳动教育内容和重点，也要统筹协调、博采众长，整合社会劳动教育资源和力量，形成推动劳动教育的强大合力。一是做好劳动教育与知识教育的有效连接。人文社会科学类课程要讲好古今中外的劳动故事、马克思主义劳动观的科学内涵、中国人民劳动创造的伟大实践、个体劳动行为的基本规范，自然科学类课程要培养学生的劳动态度、创造精神、批判思维和动手能力，将劳动教育贯穿于探索未知之谜，改造客观世界的全过程。二是做好不同学段劳动教育的有机衔接。要按照《意见》要求，坚持分类指导、层层递进原则，做好小学阶段劳动教育意识启蒙和培养，初中阶段劳动知识学习和技能训练，普通高中阶段职业体验教育和服务性、生产性劳动教育，中等职业教育阶段劳动伦理与工匠精神教育，大学阶段劳动意识强化和就业创业能力训练。三是做好学校劳动教育与社会主体参与的有力对接。劳动教育是学校教育的重要组成部分，学校劳动教育又是社会劳动教育体系的中轴。要完善激励机制和对接渠道，通过学校劳动教育撬动社会劳动教育资源，引导企业、工厂、乡村、社会团体、群团组织等社会力量投身劳动教育，形成学校主导、社会支持的劳动教育资源整合机制与服务保障体系。

要把教学改革和创新摆在突出位置，探索符合学生特点的劳动教育教学方法和有效手段，构建“讲—学—研—行”四位一体的劳动课程教学方法体系。“讲”就是邀请劳动模范、先进工作者、行业标兵等代表进入课堂，向学生讲述劳模精神、劳动精神、工匠精神背后的故事。劳动模范是社会主义劳动竞赛的胜出者，劳模精神是中国共产党政治建构的意识形态，劳模精神讲述劳动故事的过程，就是构建教师—学生—劳模共在的劳动实践情境和理论场域的过程。“学”就是坚持教师主导与学生主体相统一，学生在教师引导下开展系统的理论学习。“研”就是在教学过程中引入“研究微课题”，围绕社会劳动领域新情况、新问题设置研究议题，组织学生开展研究型学习。“行”就是鼓励学生依托校外劳动实践资源和平台，广泛参与各类劳动实践活动，以实践报告会形式展现劳动实践成果，分享劳动实践体会和感悟。

第十章

劳模精神引领当代中国劳动文化

坚持以人民为中心的工作导向，举旗帜、聚民心、育新人、兴文化、展形象，牢牢把握意识形态工作领导权，建设具有强大凝聚力和引领力的社会主义意识形态，建设社会主义文化强国，激发全民族文化创新创造活力，更好构筑中国精神、中国价值、中国力量，巩固全党全国各族人民团结奋斗的共同思想基础。

——《中共中央关于党的百年奋斗重大成就和历史经验的决议》，2021年

当代中国劳动文化发端于中国古代劳动伦理，历经革命范式、国家范式和市场范式等形态演进而呈现出现在的形态，从而造成当代中国劳动文化与西方劳动文化之间的重大差别。当代中国劳动文化不以追求规模扩张和利润增长为目的，相反，它被党整合进中国特色社会主义文化谱系中，是团结凝聚劳动者建设社会主义强国的精神力量。劳模精神是中国特色社会主义文化体系的重要组成部分，坚定文化自信，必须大力唱响劳动最美丽、劳动最崇高的时代主旋律，让尊重劳模、讴歌劳模、学习劳模蔚然成风。

一、劳动：理解国家的密钥

劳动规定了人类存在的基本方式和社会形态演进的内在逻辑，劳动创造文明，没有劳动就没有人类社会。面对神权主义历史观、王权主义时代观、资本主义“拜物教”的意识形态霸权，马克思运用历史辩证法和实证科学方法，科学揭示劳动作为人类历史发展的第一要义，人类历史无外乎是人通过劳动而创造的历史。劳动是人类安身立命之本，是国家兴旺发达之基。人类解放内在包含劳动解放的命题，人类解放的终极形态就是使劳动获得在经济上解放的政治形式。这一政治形式建立在生产资料社会所有制基础上，政治国家被“自由人联合体”所取代，到那时，人类将真正实现对生产资料和劳动产品的完全占有，劳动因而也真实地成为人类的本质规定性。劳动不仅在历史哲学意义上解释了国家形态演进与政治国家灭亡的必然性，更在现实意义上为经济上占统治地位的经济建设和治理国家给出了总体方案。

人类劳动是在共同体中进行的，国家是社会成员组织化、制度化进行劳动实践的基本依托，是通向人类劳动共同体的中介环节。理解政治国家，离不开劳动的视角；把握劳动要义，需要引入国家维度。劳动与国家的关系构成关于人类政治文明发展逻辑的总体性理解，这一总体性理解反映在意识形态上就是劳动文化。劳动文化在政治价值上的核心旨趣，就是劳动对于国家的存在论意义以及政治国家如何通过有效治理实现社会充分、高效劳动，因此劳动文化在内容上可以进一步引申为国家治理的方法论。政治国家是靠社会劳动形塑的，社会劳动需要政治国家的强力保障和动员。

以往，研究者通常从共同体结构来理解政治国家。比如将国家视为市民社会的共同体结构，认为市民社会决定政治国家，而市民社会又是由社会团体、生产组织、家庭等微观细胞构成，这就把国家政治叙事引申到微观社会过程；再如把国家视为政治权力在特定疆域内进行人口管治的政治实体，主权是国家实体存续的前提，没有主权就没有国家，所谓主权就是国家内部权力的有机构成是否能够得到外部主权的承认和接纳，因此国家亦可定义为政治权力共同体结构。市民社会共同体和政治权力共同体，分别从生活与政治两个方面解释了国家的基础结构和权力结构，建构出社会学和政治学的知识体系和话语体系。马克思主义对国家的理解是从历史科学入手的，它不是一种基于社会过程或政治权力的结构主义分析，而是把国家现象作为人类文明进程中的一个“暂时性”存在，国家是人类社会发展到一定阶段的结果，并将随着人类社会的继续发展而最终成为历史记忆。政治国家最终要被“自由人联合体”所取代，马克思将“自由人联合体”概念化为“人类社会”，而国家的历史则属于“人类社会”的史前史。

马克思给出了把握人类历史的总体性方法——历史辩证法，人类历史的“斯芬克斯之谜”不能从宗教神权中寻找，也不能从王权统治中探究，其“奥秘”和丰富性只有通过“劳动”才能得到最充分、最完整的展现，劳动是理解人类历史之谜的“金钥匙”。黑格尔同样把劳动视作理解历史运动的关键。但黑格尔意义上的“劳动”概念是人的自由意志活动的一个环节，现实世界只不过是自由意志的展开和注脚，劳动只不过是停留于人头脑中的思想运动。马克思把黑格尔本末倒置的辩证法又颠倒回来，“历史向世界历史的转变，不是‘自我意识’、世界精神或者某个形而上学幽灵的某种纯粹的抽象行动，而是完全的、物质的、可以通过经验证明的行动”①。因此人类历史就是基于经验主义的现实行动的结果，历史是可以实证的。

经验主义对现实行动的基本解释工具就是“劳动”的概念。马克思语境下的“劳动”有两重含义：一是现实化的劳动，即作为人类存在和发展必要条件的具体的劳动实践，生产劳动是最重要的现实化劳动，“个人把自己和动物区别开来的第一个历史行动不在于他们有思想，而在于他们开始生产自己的生活资料”②。生产劳动连接人的生命循环与自然系统的能量交换，使人获得了自我确证的能力，而且生产劳动使人与自然界拉开了适当的距离，人不再被动依赖顺从自然，而是能够利用改造自然；人在生产劳动实践中缔结形成了劳动共同体，演化出形形色色的生产关系和社会网络，“生产本身又是以个

① 《马克思恩格斯文集》（第1卷），北京：人民出版社2009年版，第541页。

② 《马克思恩格斯文集》（第1卷），北京：人民出版社2009年版，第519页。

人彼此之间的交往为前提的，这种交往的形式又是由生产决定的”①，劳动为人类历史的现实展开奠基。二是抽象化的劳动。马克思沿着从感性具体到理性抽象，从理性抽象再到理性具体的研究路线，将现实劳动的复杂外部形式层层剥离出去，剥离外观形式后的“劳动”逐步展现出其内在本质。这一本质首先在社会生产领域得到确证，马克思指出商品生产的劳动具有二重性——具体劳动和抽象劳动。抽象劳动就是剔除具体劳动形式后的无差别的人类劳动，它反映人类社会劳动能力的一般性水平，是“不管以哪种形式进行的人类劳动力耗费的单纯凝结”②。马克思进一步对“劳动”概念进行抽象化处理，将其改造为历史唯物主义的解释变量，构建以人类生产实践为主语的历史哲学话语，“社会结构和国家总是从一定的个人的生活过程中产生的……这些个人是从事活动的，进行物质生产的，因而是在一定的物质的、不受他们任意支配的界限、前提和条件下活动着的”③。人类生产实践是社会与国家的真正发源地，是人类文明进步的源泉。

从现实化的劳动到抽象化的劳动，从作为分析商品价值的经济学概念到揭示人类社会历史奥秘和国家政治发展的历史科学范畴，“劳动”被马克思逐步纳入历史唯物主义的理论叙事。随着历史唯物主义劳动理论的确立，马克思对国家政治运

① 《马克思恩格斯文集》（第1卷），北京：人民出版社2009年版，第520页。

② 《马克思恩格斯文集》（第5卷），北京：人民出版社2009年版，第51页。

③ 《马克思恩格斯文集》（第1卷），北京：人民出版社2009年版，第524页。

作过程有了更深入的认识。原始共产主义孕育出国家的早期雏形，以生产资料公有制为基础的原始劳动共同体被私有财产所取代，为了维护私有财产的权威地位，必须有一种超越于社会共同体的外部力量来维护私有产权制度与劳动组合形式，这个时候国家就出现了。历史上的国家只不过是以社会公意之名来维护私有财产权制度的政治形式，国家是“异化劳动”的最高表现，它以虚幻共同体（虚幻的意识形态、虚幻的共同利益、虚幻的代议民主）的形式维系着“异化劳动”的生产与再生产，因此现代国家政治解放的命题只不过是以确保私有制和政治经济不平等为实质内容的少数人的政治解放①，就是资本自身的解放。

现代国家是“异化劳动”的政治产物，“异化劳动”又必须借助现代国家的政治统治才能实现自身的存续，“异化劳动”的上层建筑正是现代国家。迈克尔·布洛维的生产政体理论将“异化劳动”与政治国家统一于生产政体之中，认为生产领域同样拥有与之相适应的上层建筑，这个内嵌于劳动过程的上层建筑就是政治国家上层建筑的微观表现②。政治国家通过政策工具实现对劳动资料、劳动组织、劳动者的直接或间接干预，以达到下列目的：一是弥补因劳动“异化”造成劳资双

① 汪仕凯：《从现代国家到社会共和国：卡尔·马克思的国家理论》，《经济社会体制比较》2018年第5期，第26—34页。

② 刘乐明：《生产政体与异化劳动——关于异化劳动理论的新解读》，《毛泽东邓小平理论研究》2015年第1期，第52—55页。

方的隐性张力，强化劳动对资本的服从；二是实现政治国家对社会生产过程的有效监控，防止因资本放任逐利而导致社会生产失序；三是塑造政治国家关心公共利益和民生福祉的社会形象，为执政当局继续掌权积累合法性资源。现代国家动用国家力量和公共政策将“异化劳动”双方的紧张关系调节至可控限度内，“异化劳动”在政治国家的保护下获得合法性的制度空间，从而避免因劳资冲突引发大规模政治抗争和社会动荡。现代国家就是在“异化劳动”的钢丝绳上行走的国家，资本与劳动是架起钢丝绳的两个支点。劳动文化在现代国家中的表现形式就是资本“拜物教”与劳权意识的结合体，主要功能在于舒缓资本与劳动的内在紧张。

二、中华文明中的劳动观念

“异化劳动”构成现代国家劳动文化的核心内容，现代国家劳动文化的内容结构紧紧围绕资本与劳动的关系而展开。为了防止劳动对资本造成挑战，资产阶级动用一切政治统治资源对资本逻辑进行虚幻粉饰和虚假包装：一是宣扬工资公平观，塑造“做一天工，拿一天工钱”的劳动正义观；二是适当改善工人的劳动条件，给予工人必要的劳动保障，减少“异化劳动”对工人造成的生存压力；三是宣传工会无用论，破坏工人阶级团结，“有产阶级，特别是这个阶级中同工人有直接接触的从事制造业的那一部分人，反对这些工会最为激烈，并且不断地设法用各种理由向工人证明是无用的”[①]。现代国家劳动文化的遮羞布早已被马克思扯掉，资产阶级“作为思想的生产者进行统治，他们调节着自己时代的思想的生产和分配；而这就意味着他们的思想是一个时代的占统治地位的思想”[②]。扬弃现代国家劳动文化不能仅仅停留于道德批判的表层，“批判的武器当然不能代替武器的批判，物质力量只能用物质力量来摧毁”[③]，只有把批判从抽象的道德领域转向实存的政治国家，资产阶级劳动文化才能被彻底重构，进而引出了马克思关于工人阶级政治革命的理论叙事。马克思的劳动文化批判以资本主义市民社会高度发育为背景，以实现无产阶级阶级解放和劳动解放为旨归，从而造成中西方对劳动文化理解的重大差别。

中国是一个典型的农业国家，黄河、长江流域千年以降的世代耕种孕育了中华文明。中国古人对劳动文化的理解与其对农耕文化的认识是统一的。中国古代实行“重农抑商”的经济政策，农业是国民经济第一生产部门，农民在社会结构中的地位仅次于士绅阶层，却远高于工商阶层，他们以巨大的规模优势支撑起古代中国的政治—社会结构。农业生产确保古代中国在严格控制口岸交换和沿海贸易条件下能够实现物质资源的有效供给和自我循环，为中央政权的稳固和中华民族共同体的延

---

① 《马克思恩格斯文集》（第1卷），北京：人民出版社2009年版，第457页。
② 《马克思恩格斯文集》（第1卷），北京：人民出版社2009年版，第551页。
③ 《马克思恩格斯文集》（第1卷），北京：人民出版社2009年版，第11页。

续提供强大的物质保证。费孝通把古代中国定义为“乡土中国”，农民天然地依附于土地之上，古代中国社会的经济结构和政治形态也是由农民对土地的依附性生发出来的。农民日出而作，日落而息，苦心耕种自家之田，每一个家庭都是一个农业生产单元，每一个村落都是农业生产的空间载体。

躬耕于田野之中的中国人，在农业生产和社会交往过程中形成了农耕色彩浓厚的处世哲学和行动规范，以保证国家农业生产的连续性和稳定性。这套处世哲学与行动规范在思想要义上与儒家意识形态高度一致，符合统治阶级维护大一统国家政治秩序的利益要求。梁漱溟将这种发端于农耕文明的劳动文化概括为三方面内容：第一，重视家庭劳动协作。家庭既是血缘共同体，也是劳动共同体，“熙熙融融，协力合作”，“纵然处境艰难，大家吃些苦，正亦乐而忘苦了”。第二，劳动既是为了当下生活，更是为了家族未来。劳动对每一个人来说都是一种天然的义务，劳动是践行祖训、弘扬家风的应有之义，是利于家庭、功在家族的道义之举。第三，劳动也是一种人生激励原则，能够使人从低谷中看到前行的动力和未来的希望，“当其厌倦于人生之时，总是在这里面（义务感和远景）重新获得活力，而又奋勉下去”[①]。梁漱溟把劳动文化看作一种道德义务和伦理原则，作为一种共约起到规范劳动者在社会生产体系中的结构方位与道德义务的作用。对中国人来说，劳动不

① 梁漱溟：《中国文化要义》，上海：上海世纪出版集团2005年版，第78页。

是为了赚钱，而是为了使自己背后的家庭获得存续的物质前提和道德合法性，因此劳动是人生而具有的天然责任，热爱劳动、尊崇劳动是中华民族的传统美德。

将劳动引入道德领域，对其作出道义上的解释，就是中国劳动文化的伦理范式。中华民族是文明链条不曾断裂的民族。文化的发展是有根基的，任何一种文化形态的当代建构，都是在对本民族文化历史传统充分尊重基础上的现代性演绎，这种现代性演绎的结果无论多么令人眼花缭乱，蕴含其中的历史传统都是根深蒂固的。具体到劳动文化，伦理范式是劳动文化在近代以来中国社会历史演化进程的原点。詹姆斯·斯科特在《农民的道义经济学》一书中反复强调“生存伦理”的道德含义，这与古代中国对劳动文化的伦理建构有异曲同工之妙。由于劳动道义的崩解和生存伦理的践踏，农民揭竿而起，高喊“王侯将相宁有种乎”的口号，以抗争行动反抗世袭权威，而这一幕不仅是历史剧，更是现代剧。代代中国工人的抗争行动无外乎道德经济学意义上的抗争行动，“依据的是旧的意识形态的遗产，目的是维护现状或者自己的经济状况不会恶化”[①]。

三、劳动文化的范式演变

随着近代以来中国社会历史主题的转换以及现代国家要素

① 于建嵘：《抗争性政治：中国政治社会学基本问题》，北京：人民出版社2014年版，第133页。

的持续累积，劳动文化的存续形态显示出由革命范式、国家范式向现代范式转变的客观趋势，劳模精神伴随上述范式的转变而不断被赋予新的时代性内涵。

（一）劳动文化的革命范式

革命是阶级斗争的最高表现形式，是“异化劳动”的内在矛盾发展到难以进行自我调和的地步而集中爆发的结果。此时政治国家已无力维系既有体制下“异化劳动”的再生产，因此必须对政治国家进行更迭才能使劳动摆脱原有的异化体制，只不过历史上的历次政权更迭都只是少数人统治多数人的循环往复。只有无产阶级政治革命才能彻底打碎“异化劳动”体制，实现阶级解放和劳动解放，“共产主义并不剥夺任何人占有社会产品的权力，它只剥夺利用这种占有去奴役他人劳动的权力”①。中国共产党的建党初衷与《共产党宣言》关于解放劳动的政治理想是一致的，承担起解放劳动重任的历史主体是现代无产阶级。无产阶级只有从规模意义上的绝大多数升格为政权意义上的绝大多数，才能最终实现劳动解放，因此中国共产党政治革命的首要任务就是使无产阶级上升为统治阶级，以劳动解放为原则来重组国家政权。

中国共产党的政治革命是沿着“农村包围城市”的路线进行的，“因为有了白色政权间的长期的分裂和战争，便给了一

① 《马克思恩格斯文集》（第2卷），北京：人民出版社2009年版，第47页。

种条件，使一块或若干小块的共产党领导的红色区域，能够在四周白色政权包围的中间发生和坚持下来”[①]。中国共产党在这些空隙地带开展了国家建设的早期试验，创建了一大批红色革命根据地。把劳动生产组织起来是根据地建设的重要方略，一是将所在地的自然条件优势转化为物质生产优势，改善当地群众生活水平；二是为前线军事斗争和后方政权巩固提供必要的物质保障，为政治革命向四周拓展奠定基础；三是通过劳动生产方式研判阶级成分和政治倾向，划清敌我，构建政治革命共同体；四是进行广泛政治动员，将群众劳动积极性转化为政治革命的磅礴力量，“只有坚决地实行劳动法，才能改善工人群众的生活，使工人群众积极地迅速地参加经济建设事业，从而加强他们对于农民的领导作用”[②]。由此可见，革命范式的劳动文化内在包含对无产阶级历史使命的宣誓以及中国共产党政治革命主题的反映，它经过共产党意识形态装置的系统再造后，被纳入马克思主义中国化的意识形态资源，成为中国共产党革命文化的组成部分。

（二）劳动文化的国家范式

国家范式劳动文化的构建伴随中国共产党政治革命的胜利而开启，是中华传统劳动观在人民民主专政体制下的进一步发

① 《毛泽东选集》（第1卷），北京：人民出版社1991年版，第49页。
② 《毛泽东选集》（第1卷），北京：人民出版社1991年版，第125页。

展，设定了当代中国劳动文化的基本样式。1949年，中华人民共和国成立使工人阶级不仅掌握了组建国家政权的绝对优势，更使工人阶级获得了实质意义上的国家领导阶级的政治身份以及生产资料占有者的劳动主体身份。政治形态上的历史性转变必然反作用在劳动生产的价值取向和组织形式上：一是在新中国成立后较短时间内，中国共产党确立了生产资料归国家所有的公有制形式，使工人的劳动性质发生了根本性变化。从过去为少数统治阶级劳动转向为国家和人民劳动，工人阶级在劳动意义上获得了“主人翁”的身份角色，其在社会结构中的位置也大幅提升，马克思“异化劳动”的政治—经济前提被新政权彻底铲除。二是工人阶级既是劳动过程的操作主体，也是国家劳动制度的领导主体。中国共产党借助工会组织在国营工厂内建立职工代表大会制度，通过这项制度设计，职工群众可以全过程、全要素监测和评估生产规模、投入产出、工资绩效、权益保障、劳动计划等实施情况，使工人做主和经济民主的管理原则具体化。三是为了尽快实现国家工业化战略，展现社会主义制度优越性。工会面向劳动群体组织开展社会主义劳动竞赛活动，“内容主要是超额完成生产计划或按时完成临时增加的特殊生产任务”①，通过竞赛策略性地拉开工人阶级在劳动技能和劳动质量上的距离，将劳动大军的规模优势转化为国家工业化的效率优势，而劳动竞赛的胜出者就是社会主义国家的劳

① 林超超：《生产线上的革命——20世纪50年代上海工业企业的劳动竞赛》，《开放时代》2013年第1期，第146—164页。

动英雄，即劳动模范。

国家范式的劳动文化继承弘扬了伦理范式的价值内核，也是革命范式的劳动文化在社会主义建设体制下的进一步延续。这是因为，尽管中国共产党取得了大陆范围内政治革命的胜利，但政权建设的条件特别是发展社会生产力的条件与其局部执政时期相比有过之而无不及。中华人民共和国成立后，中国共产党依然保持革命年代自力更生的劳动传统，强调要把人民群众充分调动起来，发挥地方首创精神、集体主义大团结精神开展国家建设，“这些地方单位在经济上相对自给自足，面对最少量的外部援助，它们负有以自身的资源获得最大产出的相当大的责任”①。自力更生是中国社会主义早期建设的基本方针，由此衍生出独立自主、艰苦奋斗、勤俭节约、比拼赶超等劳动文化精神，被中国共产党整合为社会主义国家意识形态的构成要素。

（三）劳动文化的现代范式

劳动文化在形成机制上是劳动实践与政治国家互动的结果，在外观形态上表现为一种意识形态。意识形态与政治形态都属于上层建筑的范畴，由经济基础所决定。中国共产党开国建政后的国家，实际上是一个政党体制与国家体制高度融合的国家，国家经济基础的属性、成分与结构不是生产力与生产方

① 〔美〕詹姆斯·R.汤森，布莱特利·沃马克：《中国政治》，南京：江苏人民出版社2003年版，第58页。

式自然演化的结果，而是中国共产党政治选择和强力塑造的结果，因此政治形态对社会主义国家建设就具有了决定意义，从而也影响了作为意识形态的劳动文化的建构逻辑。“文化大革命”期间，劳动文化的建构伴随大规模政治运动的席卷而受到严重干扰，“唯生产力论”被批判为资本主义意识形态，“以阶级斗争为纲”取代了劳动作为社会主义国家建设第一要义的地位，劳动被严重边缘化了。1978年以后，中国共产党的一项重要任务，就是将被边缘化的劳动重新调整为社会主义国家建设的核心战略，邓小平在中国工会九大上提出，新时期国家建设的中心任务是“根本改变我国经济和技术落后面貌”，必须“教育全体会员认识四个现代化的伟大意义”[①]。为此，中国共产党遵循世界现代化运动的一般规律，通过解除关于资源配置方式的意识形态争论来重构国家劳动体系。1992年，邓小平“南方谈话”后，国家市场化进程明显加速，社会财富步入快速积累期，尊重知识，尊重人才，尊重劳动，尊重市场成为市场化条件下劳动文化的核心要义。

工匠精神是劳动文化现代范式的典型形式。工匠精神是党的十八大以来习近平反复强调的劳动文化，精益求精是工匠精神的核心要义。“中国制造2020”战略在着力塑造中国作为世界制造业强国的国家形象时，也必然要求提高劳动者特别是产业工人的劳动技能和专业化水平，作为与制造业大国相匹配的

① 《邓小平文选》（第2卷），北京：人民出版社1994年版，第134—139页。

劳动文化，重拾这个曾经拥有又一度失落的“工匠精神”很有必要[1]。现代范式的劳动文化并不是对西方现代国家劳动文化的简单复制，并不是以单纯追求资本扩张和利润最大化为导向的“拜物教”，而实际上是发端于中国劳动文化历史传统，经过中国共产党政治革命、社会主义建设和改革层层过滤后累进形成的新文化，体现了现代市场逻辑、共产党执政逻辑、社会主义国家逻辑和人民需要逻辑的有机统一，是中国特色社会主义先进文化的重要内容。

四、建构当代中国劳动文化

劳动文化，因劳动实践与政治国家的交互性对话而展现出其作为意识形态之外的另一个面向。马克思把劳动视为人的本质力量的确证，是人类生活的第一追求。同样，劳动也是政治国家存续和发展的第一要义，劳动创造了国家，国家通过劳动走向富强。因此，理解现代国家的建构逻辑，除了经济学意义上的资本视角、政治学意义上的权力视角、法学意义上的宪政视角、哲学意义上的现代性视角外，马克思主义劳动视角同样也能揭示国家建设的机理与本土性特征，从而使劳动文化研究在学科意义上获得了国家理论的展开图式。

当代中国劳动文化是中国传统劳动伦理现代性转换和创造

---

① 陈周旺：《工人文化与重塑中国“工匠精神”》，《工会理论研究》2016年第5期，第4—11页。

性发展的结果，是反映社会主义国家建设时代主题和阶段性任务的文化形态，是马克思主义劳动学说中国化的表现形式。中国传统劳动伦理是农耕文明的产物，中国古人的家国观念和交往传统在劳动伦理中得到了集中而完整的表现。劳动文化的伦理范式绵延数千年，内嵌于中华民族精神谱系之中，支撑起多民族、大一统国家的上层建筑。尽管近代以来大一统国家的统治秩序和政治共同体遭受了严重的外部危机，但中华民族的文化血脉没有断流，劳动文化伦理范式得以继续保留，并随着中国近代社会历史的展开而引入了若干现代性变量，其中第一个变量就是政治革命。革命范式的劳动文化不再仅限于对劳动的“血缘共同体”意义的理解，随着民族危机的空前加剧，国家衰落造成社会劳动组织化前提面临危机，因此重建国家就是拯救劳动自身，这使劳动获得了“重建国家”的政治意蕴。中国共产党的乡村革命为革命范式劳动文化的现实展开提供了空间条件，革命根据地的建设以及局部执政条件下对社会劳动制度的探索，为党在全国范围内进行社会主义劳动制度的设计提供了实践基础。革命范式的劳动文化并未因1949年中华人民共和国成立而退出历史，其自身蕴含的国家共同体意蕴随着工人阶级进入国家政权体系而得到充分释放，一边是革命范式劳动文化的继续延续，另一边是国家范式劳动文化的正式奠基。在社会主义优越性的刺激和国家工业化战略的引领下，一切社会劳动都被整合进国家计划性生产体系中。而国家体系与政党体系又是高度同构的，在这样的政治结构中，一切社会劳动也都具有了政治的味道，一切文化形态同样也成为政治的标签。

在中国共产党的政治动员下，广大人民群众以火一般的热情参加社会主义国家建设，为人民政权的巩固和发展贡献着自己的汗水，演绎出“自力更生，艰苦奋斗”的历史大剧。国家范式的劳动文化是劳动完全融入政治国家的结果，但社会物质极度匮乏的事实引发了执政党的深刻忧思。因此，1978年以后中国共产党遵循现代文明发展的一般逻辑，逐渐将劳动从政治领域拉回到社会空间，将劳动自主性充分归还给个人，重建社会劳动的想象力，尊重个人合法性劳动成为市场经济体制下劳动文化的核心要义。市场化转型不仅带来了巨大的物质增长和财富积累，更推动了劳动文化形态的多元性发展，企业家精神、工匠精神、契约精神等展现出各行各业劳动主体的精神风貌，拼接出当代中国劳动者的精神文化版图。

这样一来，发端于西方现代国家的劳动文化在中国社会历史进程中获得了本土化的展开形式，这个展开形式既是社会历史转型的产物，更是中国共产党组织化力量推动变革的结果。中国共产党是中国劳动文化的建构主体，作为党的外围性组织，中国工会也积极介入劳动文化的建构进程，将其作为一项重要组织职能，各级工会组织是推动劳模精神、劳动精神、工匠精神社会化、大众化的主体力量，建构劳动文化是中国特色社会主义工会发展道路的重要内容。中国共产党是具有高度组织力的政党，共产党在整合与培育新的组织资源的同时，也在以组织化策略建构劳动文化的革命范式、国家范式和市场范式，使之获得表达形态的完整性与劳动激励的有效性。

组织化只是劳动文化建构的第一阶段。在中国共产党授权下，中国工会承担起劳动文化建构第二阶段的任务，即人格化。所谓“人格化”，就是通过建构劳动英雄的人物形象，实现劳动文化的可视化表达，人格化的劳动英雄就是劳动模范。劳动模范是社会主义劳动竞赛体制下的胜出者，是劳动文化的伦理范式、革命范式、国家范式和市场范式的综合体。一方面，劳动模范使劳动文化可感知、可触摸、可学习、可效仿，使劳动文化从形而上学的意识形态回归劳动实践场景。劳动者可以在身边发现劳动模范，也可以通过自己的努力成为劳动模范。它是一种劳动激励，更是一种道德激励，因为在中国人眼中，劳动模范就是“圣贤”与“能人”的代名词。另一方面，以劳动模范评选表彰为基础，中国共产党设置了一套与社会主义国家建设相适应的劳动制度。它可以充分调动各行业劳动者的生产积极性，使劳动目的超越赚钱盈利的狭隘限度，摒弃资本逻辑的异化效应，从而使劳动者的个人发展与国家建设的现实需要相连接，构建以国家为中轴的社会劳动共同体。因此，习近平特别强调：“我国工人阶级要增强历史使命感和责任感……把个人梦与中国梦紧密联系在一起，始终以国家主人翁姿态为坚持和发展中国特色社会主义作出贡献。”[①]经过组织

① 习近平：《在同全国劳动模范代表座谈时的讲话》，《人民日报》2013年4月30日。

化建构和人格化表达的劳动文化，就以我们所目睹的形式出现在人们面前，它深深嵌入中国特色社会主义文化谱系之中，成为支撑新时代中国特色社会主义事业劈波斩浪、阔步向前的强大精神动力。

后　记

在中国共产党精神谱系中，被学界反复研究的“伟大精神”其实不多，除了建党精神外，恐怕就要数劳模精神了。这是由劳模精神在世界社会主义运动，特别是在中国革命的出场场景及其所承载的政治意义所决定的。劳模精神是工人阶级伟大品格和劳动模范宝贵品质的集中彰显，历史悠久，历久弥新。劳模精神的建构史最早可以追溯到苏联的“斯达汉诺夫运动”，在中国则可以追溯到中央苏区时期中国共产党领导的劳动竞赛。历经陕甘宁边区的大生产运动，以及中华人民共和国成立后劳模运动的制度化发展，劳模精神已经成为跨越历史、观照当下、引领未来的强大精神力量。

我涉足劳模精神的研究领域还是出于一个偶然的机会。2019年，我有幸获批复旦大学马克思主义学院“泮林望菁”研究生创新计划项目，该项目旨在探讨劳动竞赛与现代国家建构之间的内在关系。从此，我踏上了研究劳模精神的学术路途，这对我来说是一个全新的学术地带。此后，伴随博士学位论文写作进程的推进，我对劳动模范和劳模精神的认识发生了一个重要的转变：劳模精神不是一个抽象的价值符号和意识形态话语，而是共产主义劳动伦理、中华传统劳动观念、人民群众劳动实践和社会主义劳动体制相结合的时代精神，中国共产党是劳模精神的建构主体，是马克思主义政党意识形态和社会主义文化体系的重要组成部分。在此过程中，我撰写发表了一些学术论文，参加了一些学术会议，就什么是劳模精神、劳模精神与马克思主义劳动观的关系、劳模精神与社会主义国家建构等议题进行了初步讨论。尽管劳模精神研究对我来说是一个全新的学术领域，但我在这个领域收获了很多。最重要的是，我学会了从社会历史实践和政党政治过程的视角理解意识形态何以可能。

我一直想抽时间整理一下关于劳模精神的理论文献和已经公开发表的研究成果，并且专门为此拟定了书稿写作方案。遗憾的是，2020年新冠肺炎疫情的暴发、博士毕业论文答辩的压力以及参加工作以后繁重的教学科研任务，使得这个愿望不得已被搁浅。

2021年迎来了转折。5月，我受邀赴中国工人出版社同副总编辑吕静老师就工人阶级和工会工作领域的图书出版交换意见。吕老师对图书出版行业的高度敏锐性以及对图书选题策划的突出创新力，给我留下了极为深刻的印象。当得知我准备撰写一部从中国共产党精神谱系的视角阐述劳模精神的著作时，她予以充分的肯定，并表示将予以大力支持。中国工人出版社对年轻学者的关心、关怀，是我继续从事劳模精神研究，完成书稿写作愿望的新动力。8月，我主持申报的《劳动文化导论课》被学校批准为校级劳动教育示范课，本书也是为这门课程而专门撰写的辅助性教材。2022年1月，吕老师审读书稿后又给出了十分中肯的意见，特别是本书的书名是在同吕老师、本书责编的“头脑风暴”中敲定的。

2021年对我来说是紧张而繁忙的，我把很多的时间和精力投入这本书的撰写之中。一方面，我克服了没有经费、文献短缺、人手不足、时间紧张的困难；另一方面，攻克理论难题，我尝试性阐述了为什么劳模精神能够进入中国共产党的精神谱系，劳模精神在何种意义上实现了对马克思主义劳动观的继承和发展，如何推进劳模精神学术体系和理论体系的当代建构等重难点问题。在过去两年多研究积累的基础上，结合本书的撰写，我又发表了一批新的研究成果。这些“老话”和“新语”在本书中以十个章节的逻辑结构依次排开，从而形成了摆在读者面前的阐释形态和话语体系。

最深刻的东西往往也是最通俗的东西，只有通俗的东西才能直抵人心，形成共鸣和共识。本书以“场域与坐标”为关键词，设定了理解劳模精神思想逻辑的参照系，为此本书没有采取“故事汇”的回答形式，尽管这种形式生动有趣；也没有采取“思想灌输”的回答形式，尽管这种形式看上去精美工整。我以学术的名义作出回答，即立足马克思主义理论学科的价值立场和研究方式，深入中国共产党领导劳模运动的历史实践，打通马克思主义经典作家关于劳动的重要论述与当代中国马克思主义劳动观的时空边界，在历史与现实、理论与实践、文本与个案相结合中讲述中国劳模的故事，展现新时代劳模精神的力量。在语言上，本书力求通俗易懂，但难免也会“掉书袋”。对本书中出现的问题、瑕疵甚至误解，我将予以接受并虚心改正。

感谢我的导师，复旦大学马克思主义学院院长李冉教授对我从事工人研究和工会研究的大力支持，他让我懂得了什么叫作真正的学术和学问。感谢北京航空航天大学马克思主义学院院长赵义良教授、学院党委书记高宁教授、副院长陈萌副教授和王娜副教授对我研究工作的指导、关心和帮助，感谢同事们对我的鼓励和关怀。中国工人出版社副总编辑吕静老师对这本书倾注了大量心血，给出了专业性极强的指导和帮助；责任编辑刘广涛时刻关注着本书的进展，多次向我了解写作进度，让我倍感“压力”，没有这个“压力”，恐怕也不会有这本书，对此表示衷心感谢。

2022年，我们将在全面建设社会主义现代化国家新征程上迈出新的一步，中国共产党第二十次全国代表大会也即将召开。新时代新征程，必将涌现出一批又一批劳动模范，他们是民族的精英、人民的楷模、共和国的功臣。谨以此书向奋战在社会主义现代化国家建设各条战线的劳动者致敬！向全体劳动模范和先进工作者致敬！向伟大的党、伟大的时代致敬！

刘 佳

2022年1月22日